EXECUÇÃO PENAL

teoria e prática

SÉRIE ESTUDOS JURÍDICOS: DIREITO CRIMINAL

EDITORA
intersaberes

Débora Veneral

EDITORA
intersaberes

Rua Clara Vendramin, 58 . Mossunguê . Cep 81200-170 . Curitiba . PR . Brasil
Fone: (41) 2106-4170 . www.intersaberes.com.br . editora@editoraintersaberes.com.br

EDITORA AFILIADA

Dados Internacionais de Catalogação na Publicação (CIP)
(Câmara Brasileira do Livro, SP, Brasil)

Veneral, Débora
Execução penal: teoria e prática / Débora Veneral. Curitiba: InterSaberes, 2021. (Série Estudos Jurídicos: Direito Criminal)

Bibliografia.
ISBN 978-65-5517-822-7

1. Execução penal 2. Execução penal – Brasil 3. Execução penal – Leis e legislação – Brasil I. Título II. Série.

20-47820 CDU-343.8

Índices para catálogo sistemático:
1. Execução penal: Legalidade: Direito penal 343.8
Maria Alice Ferreira – Bibliotecária – CRB-8/7964

1ª edição, 2021.

Foi feito o depósito legal.

Informamos que é de inteira responsabilidade da autora a emissão de conceitos.

Sumário

"o fim das penas não é atormentar e afligir um ser sensível [...]. O fim da pena, pois, é apenas o de impedir que o réu cause novos danos aos seus concidadãos e demover os outros de agir desse modo".

(*Beccaria*, 1999, p. 52)

Dedico esta obra a todos aqueles que, direta ou indiretamente, se interessam pelo tema da execução penal, em especial, aos alunos dos cursos de Direito de todo o Brasil.

Agradeço a Deus pela vida, pelas lutas e vitórias que obtive até aqui.

Aos meus pais, Pedro Veneral e Zaira de Souza Veneral (*in memorian*), que, apesar de sua efêmera presença terrena, ensinaram-me valores e princípios inestimáveis. Aos meus irmãos, Ivan, Berenice, Marcio, Rodrigo e Tania, pelos laços fraternais e pelo costumeiro apoio.

Ao Grupo Educacional Uninter, na pessoa do Chanceler Prof. Wilson Picler, que acreditou e implementou seu sonho de investir na educação, transformando milhares de vidas e proporcionando também a realização deste projeto.

Ao Reitor Prof. Dr Benhur Gaio, grande mentor acadêmico, pelo apoio irrestrito ao projeto Direito EAD.

À Editora InterSaberes, na pessoa da Editora-Chefe Lindsay Azambuja e sua brilhante equipe, pelo primoroso trabalho.

Ao ilustre Professor André Peixoto, que, ao som de ventos diversos, em meio a uma pandemia, orquestrou com toda a sua maestria o time de autores da Série Estudos Jurídicos, entre eles esta autora.

À Professora Tiemi Saito, pelo convite para a escrita da obra e pela gravação das aulas, momento em que registro meus cumprimentos pela competente condução dos trabalhos relacionados ao projeto de Direito EAD.

Ao curso de Direito do Centro Universitário Internacional Uninter, na pessoa do Coordenador, Professor Jailson Araújo, e da Professora Karla Kariny Knihs, que neste ato representam todos os demais docentes, por aceitarem ser partícipes deste desafiador projeto jurídico acadêmico.

À Dra. Zita Ana Lago Rodrigues, grande amiga e brilhante educadora, que, além do apoio a este projeto, fez um pouco o papel de mãe ao me convocar para um café e bate-papo, como forma de fazer uma pausa dos escritos.

À Karin Sell Schneider Lima, exímia profissional com quem tive a oportunidade de dar início ao aprendizado da gestão educacional, além da inefável e divina amizade.

Por fim, à querida amiga e sócia Daniela Henschel, com quem compartilhei a implementação de projetos envolvendo a administração penitenciária e a prática da execução penal na Penitenciária Industrial de Joinville, Santa Catarina, ainda não sabendo que aquele momento era só o começo de uma parceria profissional.

Apresentação

Nesta obra, abordamos os aspectos teóricos da Lei de Execução Penal (LEP), buscando evidenciar, de forma pontual, a teoria aliada à prática do cotidiano da advocacia criminal, especificamente no âmbito da execução penal. Elaboramos a obra com o intuito de atender os alunos da graduação em Direito, porém, nosso desejo é de que profissionais atuantes na área jurídica também a utilizem, sobretudo como um referencial para rever conceitos e, de forma objetiva, obter consulta à temática da execução penal.

Não é corriqueiro advogados atuarem nessa área, mormente porque o atendimento ao cliente, muitas vezes, encerra-se na fase de instrução criminal, ou, ainda, em razão de o profissional não ser simpatizante à temática relacionada à execução penal. Há casos em que o próprio preso, por não ter condições de dar continuidade ao pagamento dos honorários, opta, então, pelo atendimento da Defensoria Pública do Estado ou pelos serviços do setor jurídico da própria unidade prisional.

O atendimento jurídico ao preso no âmbito da execução penal consiste no acompanhamento do cumprimento da pena e, em especial, no pedido de benefícios a que fará jus o condenado no decorrer do cumprimento da pena, a depender, nesse caso, de vários fatores, como seu comportamento carcerário, o preenchimento de requisitos objetivos e a condenação ou a absolvição em caso de eventuais processos em andamento.

Nesse contexto, no Capítulo 1, iniciamos nossa abordagem situando o leitor nas fundamentações constitucional e legal, diferenciando o direito penitenciário do direito de execução penal. Tratamos dos conceitos iniciais pertinentes e da natureza jurídica da execução penal. Também destacamos a individualização de pena e a assistência ao preso, ao internado e ao egresso. Por fim, apontamos os direitos e os deveres do preso.

No Capítulo 2, os temas em análise são a disciplina e as sanções disciplinares. Discutimos, então, a classificação das faltas e suas consequências, bem como o processo disciplinar que advém da prática de condutas indisciplinares. Ainda, trazemos ao debate o regime disciplinar diferenciado (RDD), sua previsão legal e as polêmicas em torno de sua (in)constitucionalidade.

Por sua vez, no Capítulo 3, examinamos os órgãos de execução penal e os estabelecimentos penais. Para tanto, apontamos para cada qual sua estrutura e suas competências, as quais, ao mesmo tempo, são independentes e se completam, podendo atuar em conjunto ou separadamente em prol das ações relacionadas ao sistema penitenciário.

Em seguida, no Capítulo 4, o ponto central é a execução da pena. Procuramos situar o leitor com os pertinentes aspectos introdutórios para, então, tratar dos regimes incidentes na execução, bem como das autorizações de saída, da remição de pena, da progressão de regime e do livramento condicional. Abordamos as penas restritivas de direitos, a pena de multa, a suspensão condicional, as medidas de segurança e os incidentes da execução. Ainda, destacamos alguns aspectos do procedimento judicial da execução, da monitoração eletrônica, da transferência de presos e do tratamento especial relacionado às mulheres presas.

No Capítulo 5, passamos a analisar o sistema carcerário, contextualizando-o no cenário atual da execução penal no Brasil – rebeliões, população carcerária, deficiências na gestão do sistema e na aplicação da LEP, entre outros pontos.

Por fim, no Capítulo 6, no intuito de agregar conhecimento ao estudante e contribuir com a atuação do profissional advogado que se insere nessa área, reunimos alguns dos principais modelos de peças jurídicas comumente utilizadas no âmbito da execução penal.

Assim, esperamos que o conteúdo aqui contemplado possa auxiliar os leitores, despertando a reflexão sobre o tema e instigando mais profissionais a atuarem nessa área, que ainda demanda muita atenção, considerando que a população carcerária faz parte da nossa sociedade, ainda que esteja temporariamente intramuros.

Desejamos uma proveitosa leitura!

Introdução

Para alcançar a execução penal, é preciso percorrer um longo caminho, a começar pela prática de um crime, pois ninguém terá contra si uma pena executada se não tiver comprovadamente e legalmente cometido um ilícito penal. O cumprimento da pena, então, tem origem em uma sentença condenatória cuja prisão, em regra, tem ocorrido logo na primeira instância, a depender dos casos concretos, se o juiz concede, ou não, o direito de apelar em liberdade.

O fato é que, fixada a pena, o papel do Estado, que já percorreu os Códigos Penal e de Processo Penal, segue para os dispositivos previstos na Lei n. 7.210, de 11 de julho de 1984 (Brasil, 1994), qual seja, a Lei de Execução Penal (LEP) – objeto deste trabalho.

Nesse contexto, são relevantes os conceitos preliminares do direito penitenciário e do direito de execução penal e as respectivas fundamentações legais, bem como a análise da base constitucional e das legislações federais e estaduais como normas que amparam e direcionam os direitos e os deveres do preso.

Após a implantação do preso na unidade prisional onde deverá dar cumprimento de sua pena, começa um novo momento em sua trajetória processual. Sabemos que em liberdade já não é fácil lidar com certas situações do cotidiano, que dirá para quem está privado dessa tão nobre riqueza. Desse modo, é preciso que as condutas, o comportamento, os direitos e os deveres sejam postos às claras para que se evitem, ao máximo, os conflitos, a infringência de regras e, consequentemente, as punições. Veremos que a LEP tratou de pormenorizar os processos e os procedimentos para aqueles que infringem seus dispositivos, regulamentos, estatutos, decretos, etc. Outro tema, não menos importante, é o regime disciplinar diferenciado (RDD), que, com uma severidade peculiar, veio regulamentar outras situações existentes no sistema carcerário no que concerne ao comportamento do preso.

Para que a pena possa ser executada adequadamente, é necessário que os órgãos competentes estejam em consonância no que se refere à prática de suas atividades. Nesse sentido, em seu art. 161, a lei previu como órgãos da execução penal:

> I – o Conselho Nacional de Política Criminal e Penitenciária;
>
> II – o Juízo da Execução;

III – o Ministério Público;

IV – o Conselho Penitenciário;

V – os Departamentos Penitenciários;

VI – o Patronato;

VII – o Conselho da Comunidade.

VIII – a Defensoria Pública. (Brasil, 1994)

O objetivo da criação desses órgãos e da especificação de suas atribuições é delimitar suas áreas de atuação. Verificaremos que cada um desses órgãos tem suas atribuições estabelecidas pela lei justamente para evitar conflitos, ao contrário, com o objetivo, dentro do possível, de atuação conjunta em prol das melhorias no âmbito da execução penal.

O sentenciado, durante o cumprimento de sua pena até seu retorno à sociedade, perpassa por regras, órgãos e profissionais do sistema penitenciário. Assim, um dos pontos centrais e de maior relevância da execução penal reside nos benefícios a que o preso tem direito, como progressão de regime, livramento condicional, remição de pena por trabalho e estudo, autorizações de saída, entre outros. Nesse mesmo período, porém, podem ocorrer os chamados *incidentes de execução*, que consistem nas conversões, no excesso ou no desvio, na anistia, no indulto e na comutação. Portanto, a execução da pena não é estática; ela pode ser alterada por ações causadas pelo próprio preso, em seu benefício ou não, como as faltas graves cometidas durante a execução da pena, as quais acabam retardando os benefícios a que ele tem direito. Somem-se a isso novas possibilidades, como é o caso da monitoração eletrônica, da transferência de presos e do tratamento especial relacionado às mulheres presas.

Quanto ao sistema carcerário brasileiro, não basta conhecer a teoria; é preciso compreender o contexto em que se situam os presos no Brasil. Para tanto, é importante, vez ou outra, resgatarmos os números e o cenário relacionado ao perfil, aos regimes e à quantidade de presos e presas existentes nos estabelecimentos penais, bem como as deficiências da gestão prisional e a eficácia da aplicabilidade ou não da LEP. Dos números apresentados nos últimos anos, podemos inferir que há um descompasso entre o que preceitua a legislação e o que se cumpre nas unidades prisionais brasileiras. Eis aí a justificativa para o aumento do número de presos nos últimos anos e para a reclassificação mundial do Brasil do quarto para o terceiro lugar quando o assunto é população carcerária.

Dessa forma, com o fim de aliar a teoria à prática do cotidiano da advocacia no âmbito da execução penal e no intuito de contribuir, ainda que de forma estreita, com os profissionais dessa área, entendemos relevante contemplar as petições, aqui inseridas como um referencial, que julgamos as mais utilizadas no âmbito da execução penal no cotidiano das unidades prisionais e das Varas de Execuções Penais, sem prejuízo de outras solicitações que poderão ser feitas pelo advogado no decorrer da execução da pena.

Capítulo 1

Fundamentação legal do direito penitenciário e do direito de execução penal

O cumprimento da pena tem origem em uma sentença condenatória cuja prisão, em regra, ocorre logo na primeira instância, a depender do caso concreto – se o juiz concede, ou não, o direito de apelar em liberdade. Observados os requisitos legais e fixada a pena pelo Estado, a Lei de Execução Penal (LEP) – Lei n. 7.210, de 11 de julho de 1984 (Brasil, 1984) – entra em ação.

Com isso, constatamos a importância de compreender os conceitos preliminares do direito penitenciário e do direito de execução penal, bem como as respectivas fundamentações legais, além, é claro, da base constitucional e das legislações federais e estaduais, como normas que amparam e direcionam os direitos e deveres do preso.

— 1.1 —

Fundamentação legal e constitucional

A execução penal é a fase em que a sentença será cumprida, podendo ocorrer em razão da incidência de pena privativa de liberdade, de pena restritiva de direitos ou de condenação pecuniária. É um novo momento após o encerramento da instrução criminal. Na execução penal, há a convergência de regras de três espécies: penal, processual e administrativa (Marques, 1997). A Constituição Federal (CF) de 1988 (Brasil, 1988), como lei em sentido amplo, é a norma que estabelece a orientação maior para a execução da pena. Somam-se à Carta Magna as regras mínimas para o tratamento dos reclusos (Nações Unidas, 1984), dadas pela Resolução n. 663/1957 (XXIV), de 31 de julho de 1957, da Organização das Nações Unidas (ONU), e os 13 procedimentos para a aplicação dessas regras, dados pela Resolução n. 1.984/1947, os quais, aliados a outras normas extravagantes, tratam da fase executória. A principal normativa é a LEP, que possibilita a implementação, o cumprimento e o monitoramento da execução da pena até sua extinção.

A LEP afirma, em seu art. 1º, que seu objetivo é "efetivar as disposições da sentença criminal e proporcionar condições para a harmônica integração social do condenado e do internado" (Brasil, 1984). Observamos, portanto, que o Estado tem competência para exercer as atividades punitivas relativamente àqueles que cometem crime, não existindo a possibilidade de que a execução penal se inicie sem o título judicial que a ampare. No caso do Brasil, o título judicial referente à pena é uma sentença penal condenatória. Essa pena pode ser atribuída como privativa de liberdade, restritiva de direitos ou multa.

Antes de adentrarmos nos demais aspectos da execução penal, cumpre esclarecer alguns conceitos acerca do tema, a começar pela Constituição Federal, que, em seu art. 24, descreve o seguinte:

> Art. 24. Compete à União, aos Estados e ao Distrito Federal legislar concorrentemente sobre:
>
> I – Direito Tributário, financeiro e **penitenciário**, econômico e urbanístico.
>
> [...]

> § 1º No âmbito da legislação concorrente, a competência da União limitar-se-á a estabelecer normas gerais [Lei n. 7.210/1084].
>
> § 2º A competência da União para legislar sobre normas gerais não exclui a competência suplementar dos Estados [Estatuto Penitenciário]. (Brasil, 1988, grifo nosso)

Assim, a própria Constituição Federal previu competência legislativa acerca do direito penitenciário não só à União, mas também a todos os entes federativos, tendo em vista a importância da matéria, o que levou o constituinte a atribuir a competência concorrente à União, aos estados e ao Distrito Federal.

Ainda, do ponto de vista constitucional, considerando a paz social almejada, ressaltamos que a finalidade da execução não é só punir ou reprimir aqueles que cometem crimes, mas também oferecer proteção e condições que viabilizem a reintegração social, para que seja possível sua (re)inserção na sociedade. Daí por que é importante observar que a legislação brasileira tem por finalidade não a mera punição, mas a recuperação do condenado, pois há empecilhos constitucionais que dizem respeito à pena de morte, à prisão perpétua e a penas cruéis, prezando pela dignidade humana, conforme o disposto no art. 5º da Constituição Federal:

> Art. 5º [...]
>
> [...]
>
> XLVII – não haverá penas:

> a) de morte, salvo em caso de guerra declarada, nos termos do art. 84, XIX;
>
> b) de caráter perpétuo;
>
> c) de trabalhos forçados;
>
> d) de banimento;
>
> e) cruéis;
>
> [...]
>
> XLIX – é assegurado aos presos o respeito à integridade física e moral; [...]. (Brasil, 1988)

Pelo exposto, percebemos que a Constituição assegura que o sistema penitenciário brasileiro tenha como meta principal a ressocialização, a fim de beneficiar a sociedade, pois recuperar o indivíduo é interesse de todos, e a ressocialização permite o progresso não só da sociedade, mas também do indivíduo. Veremos, a seguir, com mais detalhes, como a LEP trata dessa matéria.

— 1.2 —

Conceitos de direito penitenciário e de direito de execução penal

A Constituição Federal traz a nomenclatura *direito penitenciário.* No entanto, pelo menos dois outros nomes são dados ao tema que envolve execução da pena: *direito de execução criminal* e *direito de execução penal*. Diante disso, vale aqui esclarecer as percepções de seus defensores. Em termos conceituais, para Mesquita Júnior (2007, p. 4), "o Direito de Execução Criminal é a ciência que estuda o conjunto de normas relativas à execução de todas as penas e medidas de segurança, enquanto o Direito Penitenciário é a parte do DExecCrim que estuda o conjunto de normas jurídicas concernentes ao tratamento penitenciário".

A expressão *direito penitenciário* surgiu em razão das discussões sobre a autonomia do chamado *direito de execução penal*. De acordo com Miotto (1975, p. 59, citado por Mirabete, 2007, p. 21), essa autonomia tem sido efetivada com base em três fatores, quais sejam, científico, legislativo e jurídico:

> A autonomia científica realiza-se e consolida-se por meio de todas as atividades próprias para caracterizar, individualizar e desenvolver a doutrina, podendo ser feita por meio de publicações (artigos, ensaios, livros), de congressos ou reuniões análogas e do ensino de cátedra. A autonomia jurídica decorre do reconhecimento constitucional de uma legislação penitenciária, conferindo competência para tanto à União e aos Estados. A autonomia legislativa é reconhecida pela edição de normas que regulam a relação jurídico-penal penitenciária ou de legislação codificada.

Assim, na esfera científica, *direito penitenciário* é o "conjunto de normas jurídicas reguladoras da execução das penas e medidas privativas de liberdade, abrangendo, por conseguinte, o regulamento penitenciário" (Valdes, 1982, citado por Mirabete, 2007, p. 18).

Logo, não podemos negar que a atividade de execução penal é complexa, pois que se desenvolve no âmbito jurisdicional e administrativo e dela participam os Poderes Judiciário e Executivo por intermédio, respectivamente, dos órgãos jurisdicionais e dos estabelecimentos penais (Mirabete, 2007).

Assim, o direito de execução penal, que resultou materializado com o advento da LEP (Lei n. 7.210/1984), tem buscado colocar em prática seus dispositivos quando o assunto é execução da pena.

E o que é, então, o direito de execução penal?

Para respondermos a essa pergunta, é oportuno relembrar a Exposição de Motivos da LEP: "12. [...] A execução das penas e das medidas de segurança deixa de ser um Livro de Código de Processo para ingressar nos costumes jurídicos do País com a autonomia inerente à dignidade de um novo ramo jurídico: o **Direito de Execução Penal**" (Brasil, 1983, grifo nosso).

É possível depreender do texto citado que o direito de execução penal vai além do direito penitenciário, principalmente quando traz consigo a proposta de integração social do condenado e internado. Para que haja o efetivo cumprimento dessas propostas, segundo Mirabete (2007, p. 23),

> resulta claro que não se trata apenas de um direito voltado à execução das penas e medidas de segurança privativas de liberdade, como também às medidas assistenciais, curativas e de reabilitação do condenado, o que leva à conclusão de ter-se adotado em nosso direito positivo o critério da

> autonomia de um Direito de Execução Penal em vez do restrito Direito Penitenciário.

Nesse sentido, o que se verifica, independentemente das nomenclaturas utilizadas, é que a LEP é o instrumento para a concretização do direito de execução penal, sendo mais ampla que o direito penitenciário. Daí por que não se trata apenas de questões relacionadas ao cárcere, como sugeriria a nomenclatura *direito penitenciário*, mas também de medidas que garantam a reabilitação do apenado (Avena, 2019).

No que concerne à reintegração social do condenado, a tendência moderna é a de que a execução da pena deve estar programada de forma a corresponder, além de punir, à ideia de humanizar. Portanto, é preciso afastar a pretensão de reduzir o cumprimento da pena a um processo de transformação científica do criminoso em não criminoso. Dito de outra forma, não cabe somente à fase de execução penal a função de reeducar o condenado; é preciso também que se criem, em outros âmbitos, condições diversas por meio das quais este possa, em liberdade, resolver os conflitos próprios da vida social sem recorrer ao caminho do delito, afirma Mirabete (2007).

Nesse caso, a execução penal é apenas um dos meios para a reintegração social, uma vez que compete ao Estado a implementação de políticas sociais que atuem como coadjuvantes desse processo de ressocialização.

— 1.3 —

Jurisdição e natureza jurídica da execução penal

O direito de execução penal é "ramo autônomo do direito, regulado por seus próprios princípios" (Avena, 2019, p. 2). Apesar de autônomo, esse ramo tem relação direta com o direito constitucional, conforme visto anteriormente, bem como com o direito penal e com o direito processual penal. Isso porque "o pressuposto fundamental para a execução penal é a existência de uma sentença penal condenatória ou absolutória imprópria (absolvição com imposição de medida de segurança) transitadas em julgado" (Avena, 2019, p. 3).

De acordo com Dotti (citado por Mirabete, 2007, p. 23), independentemente, porém, de qualquer indagação científica sobre a natureza do direito penitenciário, ou direito de execução penal, se pertence ao direito penal, direito administrativo ou direito processual penal, ou se constitui ramo autônomo da árvore jurídica, as regras a respeito da matéria conduzem a um processo de realização penal.

Ainda, na lição de Kuehne (2019, p. 36), "A natureza jurídica da Execução Penal é mista. Contempla normas que repercutem no Direito Penal, Processual Penal, Administrativo e de Execução propriamente dita". Tal complexidade, por si só, resulta clara pela quantidade de áreas do próprio direito envolvidas que serão somadas às políticas estaduais e à gestão prisional para a efetivação das medidas necessárias à implementação da LEP.

Conforme explica Avena (2019, p. 2): "a execução penal encerra atividade complexa, que se desenvolve tanto no plano administrativo como na esfera jurisdicional". O fato é que todo esse caminho tem como destino o cumprimento da finalidade da execução da pena, qual seja, o cumprimento integral da sentença com caráter retributivo e preventivo, bem como a reintegração social do condenado à sociedade.

Já quanto à natureza jurídica da sanção criminal, Mesquita Júnior (2007, p. 52) leciona que:

> No Brasil predomina a teoria mista, ou seja, pena é castigo e é prevenção. A pena é retributiva-preventiva, ou seja, é a devolução do mal com o mal. Todavia, é também prevenção geral, pela cominação em abstrato e é prevenção especial por sua aplicação ao delinquente, sendo que a execução penal procurará possibilitar a completa reintegração social do condenado.

Nesse sentido, não há distinção: a LEP "aplicar-se-á igualmente ao preso provisório e ao condenado pela Justiça Eleitoral ou Militar" (Brasil, 1984), nos termos do parágrafo único do art. 2º da Lei n. 7.210/1984, que assim preceitua:

> Art. 2º A jurisdição penal dos Juízes ou Tribunais da Justiça ordinária, em todo o Território Nacional, será exercida, no processo de execução, na conformidade desta Lei e do Código de Processo Penal.
>
> Parágrafo único: Esta lei aplicar-se-á igualmente ao preso provisório e ao condenado pela Justiça Eleitoral ou Militar,

> quando recolhido a estabelecimento sujeito à jurisdição ordinária. (Brasil, 1984)

Para Kuehne (2019, p. 40), "as garantias relacionadas ao processo de execução são as do devido processo legal, destacando-se: contraditório; ampla defesa; igualdade das partes; defesa técnica; prova; duplo grau de jurisdição; motivação das decisões etc.".

Considerando a natureza administrativa e jurisdicional, não obstante o preso esteja cumprindo sua pena em um estabelecimento penal sob a gestão do diretor da unidade prisional, há casos em que o juiz deverá intervir, seja para fiscalizar o cumprimento da pena, seja para decidir eventuais conflitos ou conceder-lhes os benefícios decorrentes do cumprimento da pena.

— 1.4 —
Individualização da pena e exame criminológico

A individualização da pena é um dos princípios que informam a execução penal. A LEP traz a seguinte descrição quanto à classificação dos condenados em se tratando da execução da pena: "Art. 5º Os condenados serão classificados, segundo os seus antecedentes e personalidade, para orientar a individualização da execução penal" (Brasil, 1984). Essa classificação tem como objetivo definir o tratamento que deverá ser aplicado ao condenado quando de seu ingresso na unidade penal para o cumprimento da pena que lhe foi imposta.

A Constituição Federal (art. 5º, XLVI, 1ª parte) preceitua que "a lei regulará a individualização da pena" (Brasil, 1988).

Conforme Avena (2019, p. 7, grifo do original):

> Prevista no art. 5º, XLVI, da Constituição Federal, desenvolve-se a individualização da pena em três fases: primeira, no **âmbito legislativo** (individualização legislativa ou formal), que ocorre no momento da criação do tipo penal incriminador, quando o legislador estabelece abstratamente o mínimo e o máximo da pena cominada; segunda, no **âmbito judicial** (individualização judicial), quando, diante do caso concreto, o juiz do processo de conhecimento, a partir dos critérios estabelecidos na legislação, fixa a pena cabível ao agente; e, terceiro, no **âmbito executório** (individualização executória), quando o juiz da execução penal adapta a pena aplicada na sentença à pessoa do condenado ou internado, concedendo-lhe ou negando-lhe benefícios como a progressão de regime, o livramento condicional, a remição etc.

No que se refere à individualização da pena e à classificação dos condenados, muito se tem questionado na sociedade sobre os critérios utilizados para o cumprimento dessa previsão legal, especialmente considerando as atuais condições do sistema carcerário brasileiro.

É lamentável que essa importante classificação para orientar a individualização da execução não é adequadamente cumprida no Brasil por falta de recursos materiais e humanos, bem como pela ausência da implementação de políticas públicas no sistema penitenciário. Dessa omissão decorrem consequências que implicam diretamente o aumento da população carcerária. Nesse sentido, segundo Mesquita Junior (2007, p. 75):

> A falta de classificação prévia gera a promiscuidade, misturando condenados de personalidades diversas, o que contribui para o desenvolvimento da periculosidade, fomentando a reincidência, visto que criminosos eventuais serão reunidos com delinquentes profissionais.

E quanto às garantias da individualização da pena, alerta Mirabete (2007, p. 48):

> A individualização é uma das chamadas garantias repressivas, constituindo postulado básico da justiça. Pode ser ela determinada no plano legislativo, quando se estabelecem e disciplinam-se as sanções cabíveis nas várias espécies delituosas (individualização *in abstracto*), no plano judicial, consagrada no emprego do prudente arbítrio e discrição do juiz, e no momento executório, processada no período de cumprimento da pena e que abrange medidas judiciais e administrativas, ligadas o regime penitenciário, à suspensão da pena, ao livramento condicional etc.

A descrição do legislador sobre a individualização da pena ocorre justamente em razão das diferenças entre os apenados, ponderando-se seu histórico, seus antecedentes e outros fatores que devem ser observados para o cumprimento da reprimenda, bem como, de forma primordial, em virtude de, simplesmente, não haver execução de pena homogênea.

Quando aludimos a individualizar a pena para seu cumprimento, não se trata de privilegiar o condenado, mas sim de mapear as oportunidades e os elementos necessários de modo que este possa frequentar os programas mais adequados à sua ressocialização.

Nessa esteira, para Mirabete (2007), a individualização deve aflorar de forma técnica e científica, nunca improvisada, iniciando-se com a indispensável classificação dos condenados a fim de que sejam destinados aos programas de execução mais adequados, conforme as condições pessoais de cada um. Nesse sentido prescreveu a Exposição de Motivos da LEP:

> 35. O exame criminológico e o dossiê de personalidade constituem pontos de conexão necessários entre a Criminologia e o Direito Penal, particularmente sob a perspectiva de causalidade e da prevenção do delito. (Brasil, 1983)

Quanto à classificação dos condenados, a literatura é farta em conceitos. Todavia, a LEP utiliza, em seu art. 5º, as expressões *antecedentes* e *personalidade*, para as quais daremos atenção.

A **personalidade**, segundo Mirabette (2007, p. 51), representa

> uma estrutura ou determinada organização psicológica da qual resultam as formas de comportamento da pessoa, podendo ser objeto de estudos pelos especialistas. Por isso, desde os primórdios da Criminologia prega-se um exame médico-psicológico-social, hoje conhecido como exame da personalidade, a fim de reunir o maior número de dados possíveis a respeito da "pessoa estudada" no caso, o delinquente, reclamos atendidos com a Lei de Execução Penal.

Aliado ao estudo da personalidade do apenado, há seus **antecedentes**, que compõem a análise da individualização da pena. Nesse contexto, ganham relevância a reincidência e os eventuais inquéritos em andamento. O exame minucioso da vida pregressa do condenado corrobora a fixação do tipo de tratamento penitenciário a ser dado ao cumpridor da pena. Essa, ao menos, foi a intenção do legislador ao descrever o texto da lei.

Ainda quanto aos preparativos para o cumprimento da pena e à sua individualização, bem como no que se refere à classificação do condenado, a Lei n. 7.210/1984 descreveu, em seu art. 8º, o **exame criminológico**, o qual diz o seguinte:

> Art. 8º O condenado ao cumprimento de pena privativa de liberdade, em regime fechado, será submetido a exame criminológico para a obtenção dos elementos necessários a uma adequada classificação e com vistas à individualização da execução.

> Parágrafo único. Ao exame de que trata este artigo poderá ser submetido o condenado ao cumprimento da pena privativa de liberdade em regime semiaberto. (Brasil, 1984)

Aqui, é oportuno ressaltar, até mesmo a título de esclarecimento, tendo em vista não se tratar de tema recorrente para a maioria dos operadores do direito, que o exame criminológico tem duas faces: (1) a primeira visa traçar o perfil do preso a fim de classificá-lo e individualizar sua pena antes de adentrar o sistema penitenciário (art. 8°, LEP); e (2) a segunda, prevista nos arts. 6° e 112 da LEP, tinha o condão de verificar, por meio do exame criminológico, o preenchimento dos requisitos subjetivos para a obtenção de benefício como a progressão. Contudo, esses requisitos foram alterados em 2003.

Dessa forma, nesse último caso, há muitas divergências quanto à necessidade ou não de realização do exame criminológico. Isso ocorre porque o legislador, com a alteração legislativa, deixou de considerá-lo obrigatório, como era a interpretação anterior da lei. O principal motivo é que o Estado não tem condições estruturais para atender a tais demandas, de modo a efetivar os dispositivos da LEP.

Para que você possa situar-se, vejamos o Quadro 1.1, que traz uma breve descrição do histórico das alterações que envolvem o exame criminológico quanto ao momento de classificação do condenado para o ingresso no sistema penitenciário e a progressão de regime (arts. 6° e 112, LEP).

Quadro 1.1 – Alterações legislativas referentes ao exame criminológico

Artigos da Lei de Execução Penal (Lei n. 7.210/1984)	1984 Redação original da Lei n. 7.210/1984	2003 Redação dada pela Lei n. 10.792/2003	2019 Redação dada pela Lei n. 13.964/2019
Art. 6º	A classificação será feita por Comissão Técnica de Classificação [CTC] que elaborará o programa individualizador e acompanhará a execução das penas privativas de liberdade e restritivas de direitos, devendo propor, à autoridade competente, as progressões e regressões de regimes, bem como as conversões.	A classificação será feita por Comissão Técnica de Classificação, que elaborará o programa individualizador da pena privativa de liberdade adequada ao condenado ou preso provisório.	Permanece a redação de 2003.

(continua)

(Quadro 1.1 – *continuação*)

Artigos da Lei de Execução Penal (Lei n. 7.210/1984)	1984 Redação original da Lei n. 7.210/1984	2003 Redação dada pela Lei n. 10.792/2003	2019 Redação dada pela Lei n. 13.964/2019
Art. 12	A pena privativa de liberdade será executada em forma progressiva, com a transferência para regime menos rigoroso, a ser determinada pelo Juiz, quando o preso tiver cumprido ao menos 1/6 (um sexto) da pena no regime anterior e seu mérito indicar a progressão. Parágrafo único. A decisão será motivada e precedida de parecer da Comissão Técnica de Classificação e de exame criminológico, quando necessário.	A pena privativa de liberdade será executada em forma progressiva, com a transferência para regime menos rigoroso, a ser determinada pelo Juiz, quando o preso tiver cumprido ao menos 1/6 (um sexto) da pena no regime anterior e ostentar bom comportamento carcerário, comprovado pelo diretor do estabelecimento, respeitadas as normas que vedam a progressão. [A responsabilidade passa ao diretor do estabelecimento]	A pena privativa de liberdade será executada de forma progressiva, com a transferência para regime menos rigoroso a ser determinada pelo juiz, quando o preso tiver cumprido ao menos: [...] § 1º Em todos os casos, o apenado só terá direito à progressão de regime se ostentar boa conduta carcerária, comprovada pelo diretor do estabelecimento, respeitadas as normas que vedam a progressão. [Mantém a comprovação pelo diretor do estabelecimento e não menciona obrigatoriedade do exame]

(Quadro 1.1 – conclusão)

Artigos da Lei de Execução Penal (Lei n. 7.210/1984)	1984 Redação original da Lei n. 7.210/1984	2003 Redação dada pela Lei n. 10.792/2003	2019 Redação dada pela Lei n. 13.964/2019
Art. 12			§ 2º A decisão do juiz que determinar a progressão de regime será sempre motivada e precedida de manifestação do Ministério Público e do defensor, procedimento que também será adotado na concessão do livramento condicional, indulto e comutação de penas, respeitados os prazos previstos nas normas vigentes.

Fonte: Elaborado com base em Brasil, 1984; 2003; 2019a.

Do teor dos dispositivos citados, é possível perceber que o exame criminológico era mais comum até 2003, sendo utilizado como parâmetro para a análise dos requisitos subjetivos, já o *quantum* da pena cumprida consiste no cumprimento do requisito objetivo. O exame criminológico foi sempre uma forma tanto de o representante do Ministério Público quanto de o magistrado conhecer um pouco mais sobre o réu e sua personalidade, bem como sua conduta e se este fazia ou não juízo de valor dos atos praticados. Sobre o tema, manifestou-se o Superior Tribunal de Justiça (STJ), por intermédio da Súmula n. 439, no seguinte sentido: "Admite-se o exame criminológico pelas peculiaridades do caso, desde que em decisão motivada" (STJ, 2010).

Com tantos posicionamentos a respeito do assunto, Costa (1997, p. 7) defende a realização do exame antes da sentença, posicionando-se no seguinte sentido:

> A nosso aviso, dentre as vantagens do exame criminológico realizado antes de ser prolatada a sentença judicial, está o esclarecimento de uma ponte, uma transição cronológica entre essa etapa e a fase de execução da pena para a reinserção do delinquente, isto é, preparando o período final e até o pós-carcerário. Essa solução de continuidade entre a individualização judicial e a administrativa não necessita especificação, visto que está inserida no contexto, pois o apenado ao chegar à unidade prisional, para o cumprimento da pena, já vem acompanhado do dossier completo, permitindo ao administrador penitenciário orientá-lo em seu futuro trabalho e economizar tempo e diminuir a problemática da inadaptação.

De qualquer modo, para Mirabete (2007, p. 58):

> Entendeu-se que a gravidade do fato delituoso ou as condições pessoais do agente aconselham a obrigatoriedade do exame criminológico apenas aos presos destinados ao regime fechado. Pode ser efetuado, porém, por iniciativa da Comissão

> Técnica de Classificação, quando necessário e possível, quando se trata de condenado ao cumprimento da pena, bem como na hipótese de pedido do livramento condicional de apenado por crime doloso, cometido com violência ou grave ameaça à pessoa, para se apurar se existem as condições pessoais que façam presumir que não mais voltará a delinquir.

Nesses casos, a realização do exame criminológico é um componente colaborativo para a análise do magistrado na concessão ou não do benefício, pois traz informações pontuais sobre a pessoa do sentenciado, a depender da gravidade do delito praticado. Um momento importante também para avaliar se o tempo de pena cumprido e o tratamento penal recebido foram, em tese, suficientes para que este não mais volte a praticar novo fato criminoso, ou seja, reincidir no mesmo delito ou cometer um novo. Ressaltamos, porém, que o exame, além de não ser obrigatório, não é nenhuma garantia da não reincidência, mas serve como coadjuvante na análise do cenário para o benefício pleiteado, observadas as peculiaridades do caso concreto.

Por fim, quanto ao posicionamento dos tribunais, temos:

> De acordo com as alterações trazidas pela Lei 10.792/03, o exame criminológico deixa de ser requisito obrigatório para a progressão de regime, podendo, todavia, ser determinado de maneira fundamentada pelo juiz da execução de acordo com as peculiaridades do caso. Assim, mesmo que não tenha sido realizado em primeira instância, o exame criminológico pode ser determinado pelo tribunal a quo, desde que este se funde

> em elementos concretos (relativos sempre a fatos ocorridos no curso da execução penal) a apontar para a sua necessidade. No caso sob exame, considerando o histórico de fugas e participação em rebeliões apresentado pelo paciente que apenas foi recapturado quando do cometimento de outro delito, é de se reconhecer a conveniência da realização do exame. (STJ. HC 94.577/SP; Rel. Ministra Maria Thereza de Assis Moura; julgado em 15/05/2008; DJe 02/06/2008)

Verificamos, assim, que o exame criminológico poderá ser solicitado de acordo com as peculiaridades do caso concreto como formação da convicção do magistrado, de modo a inferir de forma mais aprofundada sobre os possíveis riscos a que se pode submeter a sociedade ao transferir um condenado do regime fechado para o semiaberto ou, ainda, conceder-lhe o benefício do livramento condicional.

Esclarecidos os principais pormenores que envolvem o exame criminológico, passamos agora a abordar a Comissão Técnica de Classificação (CTC). Com relação à composição dos integrantes dessa Comissão, sua previsão encontra-se descrita no art. 7º da LEP:

> Art. 7º A Comissão Técnica de Classificação, existente em cada estabelecimento, será presidida pelo diretor e composta, no mínimo por 2 (dois) chefes de serviço, 1 (um) psiquiatra, 1 (um) psicólogo e 1 (um) assistente social, quando se tratar de condenado à pena privativa de liberdade.

> Parágrafo único. Nos demais casos a Comissão atuará junto ao Juízo da Execução e será integrada por fiscais do serviço social. (Brasil, 1984)

No entanto, a depender dos recursos humanos disponíveis em cada unidade prisional, nem sempre a CTC será composta por todos os membros previstos na LEP. Para Mesquita Júnior (2007, p. 76), "na prática, a comissão é composta por um ou no máximo dois agentes de polícia, ou agentes penitenciários, só existindo em presídios destinados aos cumprimentos de pena".

Sobre a atuação da CTC, visando obter dados reveladores da personalidade do condenado, nos termos do art. 9º da LEP, tal comissão poderá, observando a todo o tempo a ética profissional, entrevistar pessoas, requisitar dados e informações às repartições ou aos estabelecimentos privados, bem como realizar diligências e exames necessários à referida avaliação.

Nesse contexto, cada unidade penal adstrita aos estados da Federação brasileira milita com os recursos humanos e com os materiais que estão ao seu alcance, ou seja, na maioria das vezes, com déficit estrutural, material e de pessoal. Em muitas penitenciárias, sobretudo nas de regime fechado, o esforço hercúleo do diretor e dos agentes penitenciários é que mantém a pacificação no estabelecimento prisional. Não obstante todo esse empenho, o tratamento penal, da forma como executado atualmente, não é suficiente nem adequado para cumprir o objetivo da LEP.

— 1.5 —

Assistência ao preso, ao internado e ao egresso

Nesta seção, abordaremos um dos temas mais importantes da execução penal: o **tratamento penitenciário**. Embora o título desse capítulo da LEP seja "Da Assistência", veremos, no art. 10, que o objetivo do legislador foi prevenir o crime e orientar o retorno à convivência em sociedade por intermédio da assistência a ser prestada ao preso.

Com vistas a facilitar a compreensão do tema no cenário da execução penal, para que a assistência seja adequadamente prestada, é preciso imaginar o estabelecimento prisional como a organização e o funcionamento de uma empresa. Cada unidade penal tem uma quantidade de presos a serem atendidos. Para tanto, a organização é fundamental. Tudo precisa estar setorizado, com processos eficazes e sedimentados, de modo a proporcionar condições para dar o necessário atendimento ao condenado, em especial porque não se pretende a punição pura e simples, mas sim a ressocialização como forma de benefício a toda a sociedade. Sobre essa questão, explica Avena (2019, p. 28):

> Entre as finalidades da pena e da medida de segurança, encontra-se primordialmente a reabilitação do indivíduo, para que

possa retornar ao convívio social harmônico. Para tanto, exige-se do Estado a adoção de medidas de assistência ao preso e ao internado, a fim de orientá-los no retorno à sociedade, minimizando-se o risco de reincidência na prática delituosa.

Se, de um lado, o Estado detém o chamado *poder punitivo*, de outro lado, compete a esse Estado a "assistência ao preso e ao internado [...], objetivando prevenir o crime e orientar o retorno à convivência em sociedade" (Brasil, 1984), conforme previsto no art. 10 da LEP, ora transcrito.

Para Mesquita Júnior (2007, p. 78), "a assistência não se restringe ao condenado, estendendo-se a sua família, bem como à vítima e à família desta".

Em se tratando da assistência ao preso, a LEP prevê os seguintes atendimentos:

> Art. 11. A assistência será:
>
> I – material;
>
> II – à saúde;
>
> III – jurídica;
>
> IV – educacional;
>
> V – social;
>
> VI – religiosa. (Brasil, 1984)

Tais disposições têm por finalidade prevenir a prática do delito e a reincidência, bem como orientar o retorno dos segregados ao convívio social[1]. Assim, até mesmo os egressos[2] devem receber assistência. Nos termos da LEP:

> Art. 25. A assistência ao egresso consiste:
>
> I – na orientação e apoio para reintegrá-lo à vida em liberdade;
>
> II – na concessão, se necessário, de alojamento e alimentação, em estabelecimento adequado pelo prazo de 2 (dois) meses.
>
> Parágrafo único. O prazo estabelecido no inciso II poderá ser prorrogado uma única vez, comprovado, por declaração do assistente social, o empenho na obtenção do emprego. (Brasil, 1984)

O teor do texto descreve um cenário perfeito, não fosse a situação econômica, política e social que produz miséria e aumenta a criminalidade em índices avassaladores em nosso país. Como ressocializar e ainda dar assistência ao egresso no atual cenário? Nesse sentido, reflete Mesquita Júnior (2007, p. 81):

> Com efeito, em um Brasil que não pode oferecer assistência material para seus habitantes, é complicada a hipótese de prestar assistência material ao egresso pelo prazo de quatro

---

1 Sobre a matéria, consultar também a Resolução n. 96, de 27 de outubro de 2009, do Conselho Nacional de Justiça (CNJ, 2009), que dispõe sobre o Projeto Começar de Novo no âmbito do Poder Judiciário.

2 Considera-se *egresso*, nos termos do art. 26 da LEP: "I – o liberado definitivo, pelo prazo de 1 (um) ano a contar da saída do estabelecimento; II – o liberado condicional, durante o período de prova" (Brasil, 1984).

> meses. Talvez a melhor solução fosse a criação de uma espécie de seguro, semelhante ao seguro-desemprego, em que o egresso pudesse, por determinado período, receber, em dinheiro, certo valor.

Portanto, percebemos que a intenção do legislador deixa registros de boas intenções para a ressocialização e a reintegração do preso na sociedade. Todavia, as condições não se mostram eficazes até o momento, uma vez que depende de cada estado a implementação de políticas públicas que envolvem o sistema penitenciário.

Sobre os tipos de assistência previstos na LEP, vejamos detalhadamente, a seguir, cada um deles.

— 1.5.1 —
Assistência material

A assistência material inclui proporcionar "alimentação, vestuário e instalações higiênicas" (Brasil, 1984). Vejamos o que estabelece a LEP:

> Art. 12. A assistência material ao preso e ao internado consistirá no fornecimento de alimentação, vestuário e instalações higiênicas.
>
> Art. 13. O estabelecimento disporá de instalações e serviços que atendam aos presos nas suas necessidades pessoais, além de locais destinados à venda de produtos e objetos permitidos e não fornecidos pela Administração. (Brasil, 1984)

A alimentação, em razão de sua reduzida quantidade e/ou baixa qualidade, é um dos principais motivos da indisciplina e dos motins que, não raro, ocorrem nas unidades penais brasileiras. A depender dos locais, da forma e da higiene com que a alimentação é servida ao preso, especialmente em razão do calor, do transporte ou do tempo de preparo, a comida chega ao destino deteriorada, causando inúmeros transtornos e contribuindo para a tensão no ambiente prisional. O fato de o Estado fornecer alimentação ao preso não impede que seus familiares o façam, desde que sigam as regras estipuladas pela administração penitenciária. Nesse sentido, Mesquita Júnior (2007, p. 80) leciona:

> Não obstante o fato de ser fornecida alimentação aos presos, permite-se a entrada de pequenas quantidades de produtos alimentícios nos estabelecimentos prisionais, trazidos por familiares, mormente nos dias de visitas. O fato de ser permitida a entrada de alimentação não deve ser entendida como uma desobrigação do Estado, podendo transferi-la aos familiares do preso. Ao contrário, o Estado deve, inclusive, oferecer alimentação especial para os doentes.

Segundo Avena (2019), a alimentação do preso foi tema abordado no item 41 da Exposição de Motivos da LEP (Brasil, 1983), que se inspirou nas Regras Mínimas para o Tratamento de Prisioneiros da ONU[3], de 1955, item 20, razão pela qual:

3 Regras Mínimas das Nações Unidas para o Tratamento de Prisioneiros (Regras de Mandela) (Nações Unidas, 1984).

> 1. A administração fornecerá a cada preso, em horas determinadas, uma alimentação de boa qualidade, bem preparada e servida, cujo valor nutritivo seja suficiente para a manutenção da sua saúde e das suas forças.
>
> 2. Todo preso deverá ter a possibilidade de dispor de água potável quando dela necessitar. (Nações Unidas, 1984)

São, pois, alimentação e água indispensáveis para a sobrevivência do preso dentro da unidade prisional.

Quanto à previsão legal do direito às instalações higiênicas, deve-se observar o descrito no art. 88 da LEP:

> Art. 88. O condenado será alojado em cela individual que conterá dormitório, aparelho sanitário e lavatório.
>
> Parágrafo único. São requisitos básicos da unidade celular:
>
> a) salubridade do ambiente pela concorrência dos fatores de aeração, insolação e condicionamento térmico adequado à existência humana;
>
> b) área mínima de 6,00 m^2 (seis metros quadrados). (Brasil, 1984)

As Regras Mínimas da ONU também dispuseram sobre o tema no item 17.1: "Todo preso a quem não seja permitido vestir suas próprias roupas deverá receber as apropriadas ao clima e em quantidade suficiente para manter-se em boa saúde. Ditas roupas não poderão ser, de forma alguma, degradantes ou humilhantes" (Nações Unidas, 1984).

Figura 1.1 – Uso de uniformes em presídios

LightField Studios/Shutterstock

Em complemento, o item 17.2 estabelece que: "Todas as roupas deverão estar limpas e mantidas em bom estado. A roupa de baixo será trocada e lavada com a frequência necessária à manutenção da higiene" (Nações Unidas, 1984).

Ainda, no item 17.3 consta: "Em circunstâncias excepcionais, quando o preso necessitar afastar-se do estabelecimento penitenciário para fins autorizados, ele poderá usar suas próprias roupas, que não chamem atenção sobre si" (Nações Unidas, 1984). Já o item 18 prevê que: "Quando um preso for autorizado a vestir suas próprias roupas, deverão ser tomadas medidas para se assegurar que, quando do seu ingresso no estabelecimento penitenciário, as mesmas estão limpas e são utilizáveis" (Nações Unidas, 1984).

Até mesmo quanto à roupa de cama, o item 19 assim disciplina: "Cada preso disporá, de acordo com os costumes locais ou nacionais, de uma cama individual e de roupa de cama suficiente e própria, mantida em bom estado de conservação e trocada com uma frequência capaz de garantir sua limpeza" (Nações Unidas, 1984).

Por fim, embora o preso deva cuidar de sua higiene e do asseio da sela ou do alojamento, cabe à administração carcerária fornecer as condições e os instrumentos necessários para essas finalidades.

— 1.5.2 —
Assistência à saúde

A assistência à saúde nas unidades prisionais do país sempre foi uma preocupação, pois, em sua maioria, elas estão situadas em locais distantes dos centros urbanos. Logo, no caso de uma emergência, é importante e necessário que se tenha ao menos um enfermeiro para dar o atendimento inicial ao condenado. Conforme disposição da LEP, a assistência à saúde compreende os atendimentos médico, farmacêutico e odontológico. Vejamos:

> Art. 14. A assistência à saúde do preso e do internado de caráter preventivo e curativo, compreenderá atendimento médico, farmacêutico e odontológico.
>
> § 1º (Vetado).

> § 2º Quando o estabelecimento penal não estiver aparelhado para prover a assistência médica necessária, esta será prestada em outro local, mediante autorização da direção do estabelecimento.
>
> § 3º Será assegurado acompanhamento médico à mulher, principalmente no pré-natal e no pós-parto, extensivo ao recém-nascido. (Brasil, 1984)

Quem já não ouviu severas críticas quando os temas relacionados aos direitos do preso são postos em pauta? A razão das ponderações consiste, em especial, no ledo engano de que o fato de o cidadão brasileiro pagar impostos lhe dá, de *per si*, o direito de ter, juntamente a seus familiares, um tratamento de saúde digno e adequado, nos termos do previsto na Constituição Federal (art. 6º), que descreve a saúde como um dos direitos sociais. De qualquer modo, independentemente das críticas da sociedade aos encarcerados, o legislador previu o tratamento preventivo e curativo, o qual deverá compreender os atendimentos médico, farmacêutico e odontológico para o preso ou internado.

Preocupou-se também o legislador em expressar alternativa caso não haja condições de ser prestada a assistência médica, a qual consiste na possibilidade de o preso ser atendido em outro local. Nesse caso, surge outra preocupação inerente ao cotidiano das unidades penais, qual seja, o deslocamento do preso e a segurança deste, bem como de todos os envolvidos, em um transporte de preso, seja para audiência, seja para tratamento médico.

Quanto ao tratamento assistencial dado à mulher encarcerada, em especial à gestante, frisamos que apenas em 2009 a LEP foi alterada a fim de garantir o acompanhamento médico da mulher – extensivo ao recém-nascido –, conforme determina o parágrafo 3º do art. 14 da LEP, já transcrito.

Ainda, o art. 43 da LEP garante liberdade para se contratar médico de confiança pessoal:

> Art. 43. É garantida a liberdade de contratar médico de confiança pessoal do internado ou do submetido a tratamento ambulatorial, por seus familiares ou dependentes, a fim de orientar e acompanhar o tratamento.
>
> Parágrafo único. As divergências entre o médico oficial e o particular serão resolvidas pelo Juiz da execução. (Brasil, 1984)

Conforme informa Marcão (2018), a assistência à saúde dos presos é bastante deficitária no sistema penitenciário atual, razão pela qual os tribunais têm decidido que "é possível a concessão de prisão domiciliar ao sentenciado, em cumprimento de pena em regime fechado ou semiaberto, quando comprovada sua debilidade extrema por doença grave e a impossibilidade de recebimento do tratamento adequado no estabelecimento prisional"[4].

No mesmo sentido, Marcão (2018, p. 55) afirma que o STJ firmou orientação para admitir, com base no princípio da dignidade

---

4 STJ. HC 365.633/SP; Rel. Ministro Ribeiro Dantas, julgado em 18/05/2017; DJe de 25/05/2017.

da pessoa humana, "a concessão da prisão domiciliar prevista no art. 117 da LEP aos condenados que, acometidos de graves enfermidades, cumpram pena em regime semiaberto ou fechado sem assistência adequada na unidade prisional" (STJ. HC 365.633/SP; Rel. Ministro Ribeiro Dantas; julgado em 18/05/2017; DJe de 25/05/2017).

— 1.5.3 —
Assistência jurídica

Nos termos do art. 15 da LEP: "A assistência jurídica é destinada aos presos e aos internados sem recursos financeiros para constituir advogado" (Brasil, 1984). São, portanto, os "pobres na acepção jurídica do termo, assim considerados aqueles que não reúnam condições de custear a contratação de advogado sem prejuízo do sustento próprio e de sua família" (Marcão, 2018, p. 55).

Devemos lembrar, conforme explica Avena (2019, p. 31), que há uma série de princípios jurídicos a serem observados:

> A incidência na fase executória do princípio da jurisdicionalidade faz que sejam asseguradas aos presos e internados as garantias do contraditório, ampla defesa, duplo grau de jurisdição, imparcialidade do juiz, devido processo legal, direito à produção probatória, direito de petição, entre outros. Sendo assim, revela-se de fundamental importância a prestação de assistência jurídica aos segregados, visando tornar efetivas essas garantias ao longo da execução.

Dessa forma, não se deve negar aos presos e internados a assistência jurídica necessária para a preservação de seus direitos e de suas garantias, em especial as ora elencadas, tendo papel de grande relevância nesse mister as Defensorias Públicas, conforme se depreende do art. 16 da LEP:

> Art. 16. As Unidades da Federação deverão ter serviços de assistência jurídica, integral e gratuita, pela Defensoria Pública, dentro e fora dos estabelecimentos penais.
>
> § 1º As Unidades da Federação deverão prestar auxílio estrutural, pessoal e material à Defensoria Pública, no exercício de suas funções, dentro e fora dos estabelecimentos penais.
>
> § 2º Em todos os estabelecimentos penais, haverá local apropriado destinado ao atendimento pelo Defensor Público.
>
> § 3º Fora dos estabelecimentos penais, serão implementados Núcleos Especializados da Defensoria Pública para a prestação de assistência jurídica integral e gratuita aos réus, sentenciados em liberdade, egressos e seus familiares, sem recursos financeiros para constituir advogado. (Brasil, 1984)

O art. 16 e parágrafos estão de acordo com a redação da Lei Complementar (LC) n. 80, 12 de janeiro de 1994, que "Organiza a Defensoria Pública da União, do Distrito Federal e dos Territórios e prescreve normas gerais para sua organização nos Estados" (Brasil, 1994). O disposto no art. 4º, inciso XVII, da LC n. 80/1994 traz, entre as funções institucionais da Defensoria Pública, a de "atuar nos estabelecimentos policiais, penitenciários e de internação de adolescentes, visando a assegurar às pessoas, sob quaisquer circunstâncias, o exercício pleno de seus direitos e garantias fundamentais" (Brasil, 1994).

— 1.5.4 —
Assistência educacional

O direito à educação tem previsão constitucional. O art. 205 da CF/1988 estabelece que

> A educação, direito de todos e dever do Estado e da família, será promovida e incentivada com a colaboração da sociedade, visando ao pleno desenvolvimento da pessoa, seu preparo para o exercício da cidadania e sua qualificação para o trabalho. (Brasil, 1988)

Ainda, o art. 208, parágrafo 1º, da CF/1988 dispõe que "o acesso ao ensino obrigatório e gratuito é direito público subjetivo" (Brasil, 1988).

Assim, tendo em vista que os arts. 17 a 21 da LEP garantem a assistência educacional, a previsão constitucional objetiva ser um meio de ressocialização; portanto, trata-se de um dos principais instrumentos para que o preso, internado ou egresso, possa voltar ao convívio em sociedade.

Vejamos o que dispõe a LEP:

> Art. 17. A assistência educacional compreenderá a instrução escolar e a formação profissional do preso e do internado.

> Art. 18. O ensino de 1º grau será obrigatório, integrando-se no sistema escolar da Unidade Federativa.
>
> Art. 18-A. O ensino médio, regular ou supletivo, com formação geral ou educação profissional de nível médio, será implantado nos presídios, em obediência ao preceito constitucional de sua universalização.
>
> § 1º O ensino ministrado aos presos e presas integrar-se-á ao sistema estadual e municipal de ensino e será mantido, administrativa e financeiramente, com o apoio da União, não só com os recursos destinados à educação, mas pelo sistema estadual de justiça ou administração penitenciária.
>
> § 2º Os sistemas de ensino oferecerão aos presos e às presas cursos supletivos de educação de jovens e adultos.
>
> § 3º A União, os Estados, os Municípios e o Distrito Federal incluirão em seus programas de educação à distância e de utilização de novas tecnologias de ensino, o atendimento aos presos e às presas. (Brasil, 1984)

Assim, a LEP prevê a obrigatoriedade de oferta do ensino fundamental e do ensino médio a todos os presos, razão pela qual os segregados sem ensino fundamental ou ensino médio completos têm o direito de recebê-los diretamente do Poder Público. Ressaltamos que o art. 18-A, inserido em 2015, já previu a possibilidade de que essa oferta seja feita por meio de programas de educação à distância.

Além do ensino fundamental e do ensino médio, o art. 19 da LEP prevê que "O ensino profissional será ministrado em nível de iniciação ou de aperfeiçoamento técnico", com especial proteção à mulher condenada, que "terá ensino profissional adequado à sua condição", nos termos do parágrafo único do mesmo dispositivo (Brasil, 1984).

Salientamos, também, a importância dos convênios para que se alcancem os objetivos, conforme disciplina o art. 20 da LEP: "As atividades educacionais podem ser objeto de convênio com entidades públicas ou particulares, que instalem escolas ou ofereçam cursos especializados". Sobre o tema, Avena (2019, p. 33) afirma: "Considerando que a capacitação profissional, além da inegável influência positiva na manutenção da disciplina prisional, é fator que facilita a reinserção do indivíduo na sociedade, contribuindo para que não retorne à vida criminosa".

A LEP traz, em seu art. 21, a garantia de que, "Em atendimento às condições locais, dotar-se-á cada estabelecimento de uma biblioteca, para uso de todas as categorias de reclusos, provida de livros instrutivos, recreativos e didáticos" (Brasil, 1984).

Para auxiliar na consecução desses objetivos, o legislador, ao inserir o art. 21-A na LEP, previu que o censo penitenciário deve apurar:

> I – o nível de escolaridade dos presos e das presas;
>
> II – a existência de cursos nos níveis fundamental e médio e o número de presos e presas atendidos;
>
> III – a implementação de cursos profissionais em nível de iniciação ou aperfeiçoamento técnico e o número de presos e presas atendidos;

> IV – a existência de bibliotecas e as condições de seu acervo;
>
> V – outros dados relevantes para o aprimoramento educacional de presos e presas. (Brasil, 1984)

Assim, como reflete Marcão (2018, p. 57), a assistência educacional tem por objetivo "proporcionar ao executado melhores condições de readaptação social, preparando-o para o retorno à vida em liberdade de maneira mais ajustada, conhecendo ou aprimorando certos valores de interesse comum". Além disso, a educação exerce "influência positiva na manutenção da disciplina do estabelecimento prisional" (Marcão, 2018, p. 57), o que é fundamental para a manutenção da paz social.

— 1.5.5 —
Assistência social

Nos termos do art. 22 da LEP, "A assistência social tem por finalidade amparar o preso e o internado e prepará-los para o retorno à liberdade" (Brasil, 1984). Alerta Marcão (2018, p. 57) que "a assistência social tem fins paliativo, curativo, preventivo e construtivo". Por sua vez, Avena (2019, p. 33) afirma que:

> Nesse viés, surge a atuação do serviço social, no intuito de identificar em relação a cada segregado os entraves existentes ao processo de ressocialização, apresentando as medidas necessárias para sanar tais dificuldades e acompanhando o preso e o internado durante a execução da pena na superação desses obstáculos.

Para cumprir essa finalidade, determina o art. 23 da LEP, em seus incisos, que incumbe ao serviço de assistência social:

- **"I – conhecer os resultados dos diagnósticos ou exames"** (Brasil, 1984) – Isso significa que "estão os condenados sujeitos a exames no curso da fase executória, a exemplo do exame de classificação previsto no art. 5º da LEP", o qual "abrange o exame de personalidade e o exame dos antecedentes", além do "exame criminológico referido no art. 8º da LEP, de pareceres da CTC e de outros exames que podem ser requisitados pelo juiz da execução" que tenham o objetivo de "angariar subsídios para decidir sobre a concessão ou não de benefícios" (art. 5º, XLVI, CF) (Avena, 2019, p. 33).
- **"II – relatar, por escrito, ao Diretor do estabelecimento, os problemas e as dificuldades enfrentadas pelo assistido"** (Brasil, 1984) – Ou seja, "a assistência social mantém contato direto com o preso e o internado, conhecendo, portanto, as dificuldades enfrentadas à sua adaptação ao cotidiano do ambiente carcerário, as quais, por óbvio, refletem no processo de sua reabilitação" (Avena, 2019, p. 34). A importância desse dispositivo também tem relação com a individualização da pena, sendo possível seu uso para suspender ou restringir determinados direitos do preso (art. 41, parágrafo único, LEP), bem como na aplicação de sanções disciplinares (art. 54, *caput*, LEP).

Ainda, cabe salientar que "o fornecimento de atestado de conduta para fins de progressão de regime (art. 112, *caput*, LEP) e de livramento condicional, indulto e comutação de penas (art. 112, § 2º, LEP) e permissão de saída mediante escolta nas situações contempladas em lei (art. 120, parágrafo único, LEP)" (Avena, 2019, p. 34) também dependem do conhecimento da situação do preso por parte do diretor do estabelecimento.

- **"III – acompanhar o resultado das permissões de saídas e das saídas temporárias"** (Brasil, 1984) – Os arts. 120 e 122 da LEP permitem a saída do estabelecimento prisional nos seguintes casos:

> Art. 120. Os condenados que cumprem pena em regime fechado ou semiaberto e os presos provisórios poderão obter permissão para sair do estabelecimento, mediante escolta, quando ocorrer um dos seguintes fatos:
>
> I – falecimento ou doença grave do cônjuge, companheira, ascendente, descendente ou irmão;
>
> II – necessidade de tratamento médico (parágrafo único do artigo 14).
>
> Parágrafo único. A permissão de saída será concedida pelo diretor do estabelecimento onde se encontra o preso.
>
> [...]
>
> Art. 122. Os condenados que cumprem pena em regime semiaberto poderão obter autorização para saída temporária do estabelecimento, sem vigilância direta, nos seguintes casos:
>
> I – visita à família;
>
> II – frequência a curso supletivo profissionalizante, bem como de instrução do 2º grau ou superior, na Comarca do Juízo da Execução;

> III – participação em atividades que concorram para o retorno ao convívio social. (Brasil, 1984)

Assim, cabe à assistência social acompanhar o comportamento do apenado nessas saídas, a fim de assisti-lo durante sua adaptação ao convívio em sociedade.

- **"IV – promover, no estabelecimento, pelos meios disponíveis, a recreação"** (Brasil, 1984) – A recreação, segundo o art. 41 da LEP, é direito do preso. O art. 83 da LEP dispõe que o estabelecimento penal "deverá contar, em suas dependências, com áreas e serviços destinados a "recreação e prática esportiva" (Brasil, 1984), sendo fundamental, portanto, propiciar esses locais e momentos ao apenado, tendo em vista a importância do lazer para a reinserção deste na sociedade.
- **"V – promover a orientação do assistido, na fase final do cumprimento da pena, e do liberando, de modo a facilitar o seu retorno à liberdade"** – É essencial a atuação da assistência social para promover a orientação e o contato com os diversos setores da complexa atividade humana.
- **"VI – providenciar a obtenção de documentos, dos benefícios da Previdência Social e do seguro por acidente no trabalho"** (Brasil, 1984) – É necessário não apenas o amparo jurídico, mas também a atuação junto à seguridade social.
- **"VII – orientar e amparar, quando necessário, a família do preso, do internado e da vítima"** (Brasil, 1984) – Esse tipo de atendimento faz parte também do processo de

ressocialização do apenado, uma vez que constitui os elos de ligação com a vida fora do sistema prisional.

— 1.5.6 —
Assistência religiosa

Nos termos do art. 24 da LEP:

> A assistência religiosa, com liberdade de culto, será prestada aos presos e aos internados, permitindo-se lhes a participação nos serviços organizados no estabelecimento penal, bem como a posse de livros de instrução religiosa.

Inclusive, deve haver local apropriado para a realização de cultos religiosos e "Nenhum preso ou internado poderá ser obrigado a participar de atividade religiosa" (Brasil, 1984).

Diante de tais institutos trazidos pela LEP, tem-se questionado sobre a eficácia desse tratamento penal, uma vez que a reincidência aumenta cada vez mais em nosso país. Assim, segundo Mirabete (2007, p. 63),

> é manifesta a importância de se promover e facilitar a reinserção social do condenado, respeitadas suas particularidades de personalidade, não só com a remoção dos obstáculos criados pela privação da liberdade, como também com a utilização, tanto quanto seja possível, de todos os meios que possam auxiliar nessa tarefa.

No mesmo sentido posiciona-se Avena (2019, p. 37): "A partir daí se depreende que cabe ao Estado estimular o segregado à prática da religião, tendo em vista seu conteúdo pedagógico e positivamente influente para frear impulsos ou tendências criminais, animando-o, no futuro, a conduzir-se de acordo com a lei".

Da leitura dos dispositivos legais, é possível constatar que a LEP tem vasta abrangência e cuidou de detalhes, porém colocá-la em prática em sua totalidade tem sido o grande desafio dos estados da Federação brasileira.

— 1.6 —
Deveres do preso

É muito comum que a sociedade comente que o rol de direitos dos apenados é muito amplo, sobretudo porque, em sua maioria, os presos no Brasil não desenvolvem atividades laborativas dentro das unidades prisionais, o que traz à tona o ócio a que são submetidos e, em contrapartida, o ônus causado ao Estado. Mas isso não pode servir de razão para o desrespeito aos direitos e deveres do condenado, pois, independentemente do cenário, os direitos devem ser observados, e os deveres, cumpridos.

A Lei n. 7.210/1984 disciplinou os deveres, os direitos e a disciplina do preso durante o cumprimento de sua sentença condenatória.

Nos dizeres de Mirabete (2007, p. 112), "o *status* de condenado, que deriva da especial relação de sujeição criada com a sentença condenatória transitada em julgado, configura complexa relação jurídica entre o Estado e o condenado, em que há direitos e deveres de ambas as partes a serem exercidos e cumpridos".

A LEP assim explicitou os deveres, em seu art. 39:

> Art. 39. Constituem deveres do condenado:
>
> I – comportamento disciplinado e cumprimento fiel da sentença;
>
> II – obediência ao servidor e respeito a qualquer pessoa com quem deva relacionar-se;
>
> III – urbanidade e respeito no trato com os demais condenados;
>
> IV – conduta oposta aos movimentos individuais ou coletivos de fuga ou de subversão à ordem ou à disciplina;
>
> V – execução do trabalho, das tarefas e das ordens recebidas;
>
> VI – submissão à sanção disciplinar imposta;
>
> VII – indenização à vítima ou aos seus sucessores;
>
> VIII – indenização ao Estado, quando possível, das despesas realizadas com a sua manutenção, mediante desconto proporcional da remuneração do trabalho;
>
> IX – higiene pessoal e asseio da cela ou alojamento;
>
> X – conservação dos objetos de uso pessoal.
>
> Parágrafo único. Aplica-se ao preso provisório, no que couber, o disposto neste artigo. (Brasil, 1984)

Conforme o teor do dispositivo, notadamente, de um lado há o Estado, em seu direito de executar a pena, e, de outro, o dever do condenado de sujeitar-se às regras impostas em razão da condenação.

Assim, de acordo com Mirabete (2007, p. 114):

> A execução é devida ao Estado ou – é o reverso da medalha – o Estado tem o direito de executar a sentença. E porque apenas o Estado – e ninguém mais – tem esse direito, na sentença penal condenatória não é indicado – como, ao contrário, é necessário na sentença civil – a quem favorece o direito de promover a execução: o Estado é o sujeito ativo necessário ao qual compete a execução penal.

Diante desse contexto, se é o Estado o responsável pela execução da pena, a este compete reverter o cenário apresentado por intermédio do cumprimento da legislação que descreve os meios dessa execução. Ao preso, por sua vez, compete obedecer às regras atinentes ao tratamento penal ao qual deve ser submetido, com vistas à ressocialização e à reintegração após o cumprimento da sentença condenatória.

— 1.7 —
Direitos do preso

Nos termos do art. 5º, incisos III e XLIX, da Constituição Federal, "ninguém será submetido a tortura nem a tratamento desumano ou degradante" e "é assegurado aos presos o respeito à integridade física e moral" (Brasil, 1988).

De forma genérica, extraem-se da Constituição Federal os principais direitos do preso, em especial, do art. 5º, que trata dos direitos e das garantias fundamentais. São alguns deles:

- Direito à vida.
- Direito à integridade física e moral.
- Direito à propriedade.
- Direito à liberdade de crença.
- Direito ao sigilo de correspondência e de comunicações telegráficas e telefônicas.
- Direito à representação e petição aos poderes públicos, em defesa de direito ou contra abusos de autoridades.
- Direito à expedição de certidões requeridas às repartições administrativas, para "defesa de direitos e esclarecimento de situações de interesse pessoal" (Brasil, 1988).
- Direito à assistência judiciária.
- Direito às atividades relativas às ciências, às letras, às artes e à tecnologia;
- Direito à indenização por erro judiciário ou por prisão "além do tempo fixado na sentença" (Brasil, 1988).

Do mesmo modo, contrapondo-se aos deveres, a LEP, em seu art. 40 e seguintes, contempla os direitos do apenado quando do cumprimento de sua sentença, quais sejam:

> Art. 40. Impõe-se a todas as autoridades o respeito à integridade física e moral dos condenados e dos presos provisórios.

Art. 41. Constituem direitos do preso:

I – alimentação suficiente e vestuário;

II – atribuição de trabalho e sua remuneração;

III – Previdência Social;

IV – constituição de pecúlio;

V – proporcionalidade na distribuição do tempo para o trabalho, o descanso e a recreação;

VI – exercício das atividades profissionais, intelectuais, artísticas e desportivas anteriores, desde que compatíveis com a execução da pena;

VII – assistência material, à saúde, jurídica, educacional, social e religiosa;

VIII – proteção contra qualquer forma de sensacionalismo;

IX – entrevista pessoal e reservada com o advogado;

X – visita do cônjuge, da companheira, de parentes e amigos em dias determinados;

XI – chamamento nominal;

XII – igualdade de tratamento salvo quanto às exigências da individualização da pena;

XIII – audiência especial com o diretor do estabelecimento;

XIV – representação e petição a qualquer autoridade, em defesa de direito;

XV – contato com o mundo exterior por meio de correspondência escrita, da leitura e de outros meios de informação que não comprometam a moral e os bons costumes.

> XVI – atestado de pena a cumprir, emitido anualmente, sob pena da responsabilidade da autoridade judiciária competente.
>
> Parágrafo único. Os direitos previstos nos incisos V, X e XV poderão ser suspensos ou restringidos mediante ato motivado do diretor do estabelecimento.
>
> Art. 42. Aplica-se ao preso provisório e ao submetido à medida de segurança, no que couber, o disposto nesta Seção.
>
> Art. 43. É garantida a liberdade de contratar médico de confiança pessoal do internado ou do submetido a tratamento ambulatorial, por seus familiares ou dependentes, a fim de orientar e acompanhar o tratamento.
>
> Parágrafo único. As divergências entre o médico oficial e o particular serão resolvidas pelo Juiz da execução. (Brasil, 1984)

Frisamos que esse rol de direitos é exemplificativo, uma vez que não esgota os direitos da pessoa humana. Assim, o tema *direitos do preso* é:

> de certa forma, um reflexo do movimento geral de defesa dos direitos da pessoa humana. Ninguém ignora que os presos, em todos os tempos e lugares, sempre foram vítimas de excessos e discriminações quando submetidos aos cuidados de guardas e carcereiros de presídios, violando-se assim aqueles direitos englobados na rubrica de Direitos Humanos. (Mirabete, 2017, p. 118)

Impende ressaltar que esses direitos correspondem a qualquer pessoa apenas pela condição de ser humano, considerando a dignidade que cada um deve ter quanto às condições de liberdade de ir e vir, à segurança, à propriedade e aos demais direitos que lhes são atribuídos pela condição de cidadão.

Segundo preceitua a doutrina penitenciária moderna: "o preso, mesmo após a condenação, continua titular de todos os direitos que não foram atingidos pelo internamento prisional decorrente da sentença condenatória que impôs uma pena privativa de liberdade" (Mirabete, 2007, p. 118).

Por fim, registramos que tanto os direitos do preso quanto os do cidadão comum são invioláveis, imprescritíveis e irrenunciáveis.

Capítulo 2

Disciplina e sanções disciplinares

Instalado o preso na unidade prisional onde deverá dar cumprimento de sua pena, começa um novo momento em sua trajetória processual. A partir daí, é preciso que as condutas, o comportamento, os direitos e os deveres sejam postos às claras para que se evitem, ao máximo, os conflitos, a infringência de regras e, consequentemente, as punições. Veremos que a Lei de Execução Penal (LEP) tratou de pormenorizar os processos e os procedimentos para aqueles que infringem seus dispositivos, regulamentos, estatutos, decretos etc. Outro tema, não menos importante, é o regime disciplinar diferenciado (RDD), que, com uma severidade peculiar, veio regulamentar outras situações existentes no sistema carcerário no que concerne ao comportamento do preso.

Tanto na sociedade quanto no sistema penitenciário, são imprescindíveis a ordem e a disciplina para que as relações e a convivência sejam harmônicas. No sistema prisional, considerando o atual cenário brasileiro quando se trata de unidades penais, sejam elas de regime fechado, sejam de regime semiaberto, manter um adequado comportamento é um desafio.

Portanto, sem sombra de dúvidas, um dos problemas básicos de uma prisão é a manutenção da ordem nos estabelecimentos penitenciários. Aí é que se encontram as maiores dificuldades, pois é preciso contrapor o rigor da disciplina com a aplicabilidade e a preservação do tratamento penitenciário com fulcro nos direitos humanos. Já se tem afirmado que o caráter da administração penitenciária é determinado pelas diretrizes disciplinares fixadas pelo Estatuto Penitenciário do Estado e por sua direção.

Nesse sentido, Guzman (1983, p. 379) entende que:

> o regime disciplinar penitenciário deve fundamentar-se em um jogo equilibrado entre um sistema de recompensas que estimule a boa conduta dos internos e uma série de sanções para aqueles que realizam ações que ponham em perigo a convivência ordenada que se requer em um centro penitenciário.

Assim, uma vez "submetido à prisão, definitiva ou provisória, o encarcerado deverá ser cientificado das normas disciplinares do estabelecimento, para que posteriormente não alegue ignorância" (Marcão, 2018, p. 67). É comum, por mais simples que seja, todo o sistema penitenciário ter seu rol de medidas editadas pelo Estado para regulamentar a ordem e a disciplina dentro das unidades penais. Ingressando o preso no estabelecimento prisional, deverá passar a obedecer às regras intramuros, sob pena de sofrer sanções administrativas e até judiciais, a depender da infringência das normas estabelecidas.

— 2.1 —
Disciplina

Quanto à disciplina no sistema prisional, a LEP estabelece o seguinte:

> Art. 44. A disciplina consiste na colaboração com a ordem, na obediência às determinações das autoridades e seus agentes e no desempenho do trabalho.

> Parágrafo único. Estão sujeitos à disciplina o condenado à pena privativa de liberdade ou restritiva de direitos e o preso provisório. (Brasil, 1984)

Da análise do dispositivo, verificamos que é imprescindível ao sistema penitenciário a utilização da legislação de execução penal, bem como dos estatutos estaduais que regulamentam a disciplina do preso quando do cumprimento de sua pena. O dia a dia no cotidiano de uma unidade prisional é um desafio, pois é preciso haver equilíbrio entre as recompensas e as penalizações decorrentes da indisciplina do preso.

A LEP também prevê vedações. Vejamos o teor de seu art. 45:

> Art. 45. Não haverá falta nem sanção disciplinar sem expressa e anterior previsão legal ou regulamentar.
>
> § 1º As sanções não poderão colocar em perigo a integridade física e moral do condenado.
>
> § 2º É vedado o emprego de cela escura.
>
> § 3º São vedadas as sanções coletivas. (Brasil, 1984)

No que se refere às sanções a que faz referência o art. 45 da LEP, o princípio da legalidade não poderia deixar de estar presente. Nos termos das Regras Mínimas para o Tratamento de Prisioneiros da Organização das Nações Unidas, o preso só poderá ser punido conforme as prescrições da lei ou do regulamento (Nações Unidas, 1984, item 30.1). Dessa forma, a conduta que constitui infração disciplinar, o caráter e a duração das sanções disciplinares a serem aplicadas devem ter previsão nessas normas jurídicas (Nações Unidas, 1984, item 29).

Quanto à aplicação de sanções coletivas, o art. 45, parágrafo 3º, da LEP estabelece que estas são ilegais quando, no ambiente prisional, entre vários detentos, não se consegue precisar quem deles foi o responsável pelo ilícito praticado. Assim como a pena, é basilar que o comportamento do preso seja individualizado em sede de execução penal.

Outro cuidado imprescindível em uma unidade prisional diz respeito à comunicação. Quando do ingresso na prisão para o cumprimento da pena imposta, devem ser passadas todas as informações ao preso, de modo que ele tenha ciência e possa cumpri-la adequadamente, inclusive obedecendo às regras disciplinares. Nesse sentido, de acordo com o art. 46 da LEP, "o condenado ou denunciado, no início da execução da pena ou da prisão, será cientificado das normas disciplinares" (Brasil, 1984), cujo poder disciplinar será exercido pela autoridade administrativa, que aplicará as sanções administrativas necessárias ao preso que infringir a lei e os regulamentos (art. 47, LEP). A respeito do poder disciplinar, leciona Kuehne (2019, p. 104):

> muito embora o dispositivo estabeleça que o poder disciplinar será exercido pela autoridade administrativa, não há como se excluir da apreciação do Poder Judiciário qualquer ato que exorbite as atribuições legais. Não é porque o artigo excepciona o princípio da jurisdicionalização que o poder seja absoluto. Veja se o que dispõe o art. 5º, XXXV da CF: "a lei não

excluirá da apreciação do Poder Judiciário lesão ou ameaça a direito".

Sobre o assunto, foi editada a Súmula n. 533, de 10 de junho de 2015, do Superior Tribunal de Justiça (STJ), no seguinte sentido:

> Para o reconhecimento da prática de falta disciplinar no âmbito da execução penal, é imprescindível a instauração de procedimento administrativo pelo diretor do estabelecimento prisional, assegurado o direito de defesa, a ser realizado por advogado constituído ou defensor público nomeado. (STJ, 2015a)

Não obstante a LEP contemplar exceção ao princípio da judicialização, haverá, sim, em nome do interesse maior, a intervenção do Judiciário sempre que necessário para a preservação dos direitos constitucionais do sentenciado.

— 2.2 —
Faltas disciplinares

As faltas disciplinares têm previsão nos arts. 49 a 52 da LEP. Segundo o art. 49, *caput*, podem ser classificadas em "leves, médias e graves" (Brasil, 1984). As faltas leves e médias serão definidas em legislação estadual quando se tratar de penitenciária estadual. Nos presídios federais, deve-se aplicar a legislação federal. Por sua vez, as faltas graves estão definidas nos arts. 50 a 52 da LEP e podem ser estabelecidas por legislação federal de igual ou superior hierarquia. Vejamos com mais detalhes o tratamento da matéria.

— 2.2.1 —
Classificação das faltas disciplinares

As faltas disciplinares, como dito, apresentam a seguinte classificação, nos termos da lei:

> Art. 49. As faltas disciplinares classificam-se em leves, médias e graves. A legislação local especificará as leves e médias, bem assim as respectivas sanções. Parágrafo único. Pune-se a tentativa com a sanção correspondente à falta consumada. (Brasil, 1984)

Em se tratando das faltas leves e médias, cabe ao legislador estadual fixá-las, considerando, inclusive, as peculiaridades de cada estado da Federação brasileira, que deve contar com estatuto ou regimento disciplinar no intuito de regulamentar e punir condutas praticadas pelos presos quando do cumprimento de suas penas.

Cabe ao legislador local a previsão das faltas médias e leves (art. 49, segunda parte, LEP). Nos termos da Exposição de Motivos da LEP: "As peculiaridades de cada região, o tipo de criminalidade, mutante quanto aos meios e modos de execução, a natureza do bem jurídico ofendido e outros aspectos sugerem tratamentos disciplinares que se harmonizem com as características do ambiente" (Brasil, 1983).

No Paraná, por exemplo, o Estatuto Penitenciário do estado, aprovado pelo Decreto Estadual n. 1.276, de 31 de outubro de 1995, traz a seguinte regulamentação quanto às **faltas leves**:

> Art. 61. São consideradas faltas leves:
>
> I. atitude de acinte ou desconsideração perante funcionário ou visitas;
>
> II. emprego de linguagem desrespeitosa;
>
> III. apresentar-se de forma irreverente diante do diretor, funcionários, visitantes ou outras pessoas;
>
> IV. desatenção em sala de aula ou de trabalho;
>
> V. permutar, penhorar ou dar garantia, objetos de sua propriedade a outro preso, internado ou funcionário;
>
> VI. executar, sem autorização, o trabalho de outrem;
>
> VII. descuidar da higiene pessoal;
>
> VIII. descuidar da higiene e conservação do patrimônio do estabelecimento;
>
> IX. dissimular ou alegar doença ou estado de precariedade física para eximir-se de obrigações;
>
> X. comprar ou vender, sem autorização, a outros presos, internados ou funcionários;

XI. portar ou manter na cela ou alojamento, material de jogos não permitidos;

XII. produzir ruídos que perturbem o descanso e as atividades do estabelecimento;

XIII. procrastinar, discutir cumprimento de ordem, ou recusar o dever de trabalho;

XIV. responder por outrem a chamada ou revista, ou deixar de responder as chamadas regulamentares;

XV. transitar pelo estabelecimento, manter-se em locais não permitidos ou ausentar-se, sem permissão, dos locais de presença obrigatória;

XVI. proceder de forma grosseira ou discutir com outro preso;

XVII. sujar pisos, paredes ou danificar objetos que devam sem conservados;

XVIII. desobedecer os horários regulamentares;

XIX. descumprir as prescrições médicas;

XX. abordar autoridade ou pessoa estranha ao estabelecimento, sem autorização;

XXI. lavar ou secar roupa em local não permitido;

XXII. fazer refeições em local e horário não permitido;

XXIII. utilizar-se de local impróprio para satisfação das necessidades fisiológicas;

XXIV. conversar através de janela, guichê de sela, setor de trabalho ou local não apropriado;

XXV. descumprir as normas para visita social ou íntima. (Paraná, 1995)

As **faltas médias** estão descritas no art. 62 do Decreto Estadual n. 1.276/1995. Vejamos:

> Art. 62. São consideradas faltas médias:
>
> I. deixar de acatar as determinações superiores;
>
> II. imputar falsamente fato ofensivo à administração, funcionário, preso ou internado;
>
> III. dificultar averiguação, ocultando fato ou coisa relacionada com a falta de outrem;
>
> IV. manter, na cela, objeto não permitido;
>
> V. abandonar, sem permissão, o trabalho;
>
> VI. praticar ato libidinoso, obsceno ou gesto indecoroso;
>
> VII. causar dano material ao estabelecimento ou a coisa alheia;
>
> VIII. praticar jogo previamente não permitido;
>
> IX. abster-se de alimento como protesto ou rebeldia;
>
> X. utilizar-se de outrem para transportar correspondência ou objeto, sem o conhecimento da administração;
>
> XI. provocar, mediante intriga, discórdia entre funcionários, presos ou internados, para satisfazer interesse pessoal ou causar tumulto;
>
> XII. colocar outro preso ou internado à sua submissão ou à de grupo em proveito próprio ou alheio;
>
> XIII. confeccionar, portar ou utilizar chave ou instrumento de segurança do estabelecimento salvo quando autorizado;
>
> XIV. utilizar material, ferramenta ou utensílios do estabelecimento em proveito próprio ou alheio, sem autorização;

XV. veicular, por meio escrito ou oral, acusação infundada à administração ou ao pessoal penitenciário;

XVI. desviar material de trabalho, de estudo, de recreação e outros, para local indevido;

XVII. recusar-se a deixar a cela quando determinado, mantendo-se em atitude de rebeldia;

XVIII. deixar de frequentar, sem justificativa, as aulas no grau em que esteja matriculado;

XIX. maltratar animais;

XX. alterar ou fazer uso indevido de documentos ou cartões de identificação fornecidos pela administração, para transitar no interior do estabelecimento;

XXI. praticar fato definido como crime culposo;

XXII. portar, sem ter em sua guarda, ou fazer uso de bebida com teor alcoólico, ou apresentar-se embriagado. (Paraná, 1995)

Por fim, no referido estatuto, há regramento estadual para aplicar as sanções disciplinares:

Art. 64. Constituem sanções disciplinares:

I. **Faltas Leves**:

a) advertência;

b) suspensão de visita até dez dias;

c) suspensão de favores e de regalias até dez dias;

d) isolamento na própria cela ou em local adequado, de dois a cinco dias.

II. **Faltas médias**:

a) repreensão;

b) suspensão de visitas, de 10 a 20 dias;

c) suspensão de favores e de regalias, de 10 a 20 dias

d) isolamento na própria cela ou em local adequado, de 5 a 10 dias. (Paraná, 1995, grifo nosso)

Descritas as faltas leves e médias bem como suas punições, de acordo com o Estatuto Penitenciário local, é oportuno ressaltar o ensinamento de Kuene (2019, p. 107) sobre suas consequências:

> Tais modalidades de faltas não ensejam as consequências referidas no art. 48, parágrafo único, a saber: a) regressão de regime; b) revogação de saída temporária; c) perda dos dias remidos e d) conversões; contudo, tendem a macular o mérito do condenado, necessário à aferição do requisito subjetivo.

Nesses casos, resta claro que, apesar de as consequências das faltas disciplinares leves e médias não serem tão gravosas ao sentenciado em relação à punição, acabam por intervir desabonando o mérito do condenado, que tem protelados seus benefícios em razão do não preenchimento do requisito subjetivo, qual seja, o bom comportamento nos termos da previsão legal.

— 2.2.2 —
Faltas graves e suas consequências

As faltas graves foram descritas taxativamente pelo legislador federal na LEP. Nesse sentido, o rol que segue no art. 50 da LEP não é exemplificativo, mas sim restritivo. Portanto, compete tanto à norma federal quanto às normas estaduais descreverem as condutas que deverão ser punidas quando infringidas pelo preso no decorrer do cumprimento de sua pena. Sobre a norma prevista na lei federal, confira o que traz a LEP:

> Art. 50. Comete falta grave o condenado à pena privativa de liberdade que:
>
> I – incitar ou participar de movimento para subverter a ordem ou a disciplina;
>
> II – fugir;
>
> III – possuir, indevidamente, instrumento capaz de ofender a integridade física de outrem;
>
> IV – provocar acidente de trabalho;
>
> V – descumprir, no regime aberto, as condições impostas;
>
> VI – inobservar os deveres previstos nos incisos II e V, do artigo 39, desta Lei.
>
> VII – tiver em sua posse, utilizar ou fornecer aparelho telefônico, de rádio ou similar, que permita a comunicação com outros presos ou com o ambiente externo.
>
> VIII – recusar submeter-se ao procedimento de identificação do perfil genético.

Parágrafo único. O disposto neste artigo aplica-se, no que couber, ao preso provisório. (Brasil, 1984)

A título de exemplo de norma estadual em falta grave, citamos a previsão de falta e suas punições constantes no Estatuto Penitenciário do Estado do Paraná. O art. 63 do Decreto Estadual n. 1.276/1995 considera falta grave as seguintes ações:

I. incitar ou participar de movimento para subverter a ordem ou a disciplina;

II. fugir/evadir-se;

III. possuir, indevidamente, instrumento capaz de ofender a integridade física de outrem;

IV. provocar acidente de trabalho;

V. descumprir, no regime aberto, as condições impostas;

VI. praticar fato definido como crime doloso;

VII. inobservar os deveres previstos nos incisos II e IV do Art. 39 da Lei de Execução Penal. (Paraná, 1995)

A respeito das punições, o Estatuto Estadual ainda prevê:

Art. 64. Constituem sanções disciplinares:

[...]

III. **Faltas graves**:

a) suspensão de visitas, de 20 a 30 dias;

b) suspensão de favores e de regalias, de 20 a 30 dias;

> c) isolamento na própria cela ou em local adequado, de 20 a 30 dias. (Paraná, 1995, grifo nosso)

Do cotejo entre as duas previsões, no âmbito federal a LEP, e no Estadual, o referido decreto, percebemos que há um espelhamento das faltas graves, inclusive este último não contempla as últimas alterações inseridas pela norma geral, devendo, portanto, aquela prevalecer por questões hierárquicas e de segurança jurídica ao próprio preso, considerando o procedimento adotado para sua apuração.

É relevante ressaltar que a prática de falta grave tem consequências quando o assunto é benefício para o sentenciado, em especial quanto aos prazos de interrupção para este. Nesse sentido foi editada a Súmula n. 534, de 10 de junho de 2015, do STJ:

> A prática de falta grave interrompe a contagem do prazo para a progressão de regime de cumprimento de pena, o qual se reinicia a partir do cometimento dessa infração. (STJ, 2015b)

Com relação às faltas graves, uma das mais praticadas pelos presos é a infringência à disciplina. É muito comum, nas unidades penais, presos tomarem parte, ou seja, colaborarem com os demais para subverter a ordem ou a disciplina, via de regra com a prática de violências, ameaças e outros meios, visando sempre atingir interesses próprios, comuns dos condenados da cela ou, ainda, de facções criminosas a que estão atrelados.

De acordo com a previsão legal, a fuga também é considerada falta grave. Do mesmo modo, pune-se a tentativa de fuga. Segundo Mirabete (2007, p. 143), "Também é indiferente que o preso tenha causado danos ao patrimônio ou tenha sido auxiliado ou favorecido por funcionários ou companheiros".

No que se refere à posse de instrumentos capazes de ofender a integridade física de outrem, é corriqueiro, nas unidades penais, a fabricação de armas pelos próprios presos, tais como punhais, facas e facões, os chamados *estoques*. Mirabete (2007, p. 143) sublinha que "É desnecessário para a caracterização da falta que o preso seja surpreendido portando arma ou instrumento, pois a lei contenta-se com o simples fato de ele o possuir".

Não menos importante, trouxe a lei como falta grave a conduta de provocar acidente de trabalho. Nesse sentido, o verbo *provocar* tem a conotação dolosa, ou seja, intencional. Para a doutrina, *provocar* tem mais o sentido de produzir, promover, o que implica a ideia de desejar que ocorra alguma coisa. Havendo acidente de trabalho de forma culposa, compete aos estados descreverem e punirem tal conduta como falta média ou leve, a depender da descrição típica.

Além disso, aquele que descumprir as condições impostas pela sentença condenatória, estando em regime aberto, também será punido. As descrições das condições gerais do regime aberto constam no art. 115 da LEP. Do mesmo modo, é infração deixar de observar as condições e "os deveres previstos nos incisos II e V do art. 39" da LEP (Brasil, 1984).

No inciso VII do art. 50 (incluído pela Lei n. 11.466/2007), a LEP descreve a conduta de utilização ou posse de aparelho telefônico, rádio ou celular, justamente em razão do aumento da entrada de aparelhos celulares nas unidades prisionais e do consequente contato com a comunidade externa, principalmente com integrantes de facções criminosas, fomentando ainda mais a criminalidade.

Por fim, a mais recente conduta inserida pela Lei n. 13.964/2019 e classificada como falta grave (art. 50, VIII) consiste em "recusar a submeter-se ao procedimento de identificação do perfil genético" (Brasil, 1984).

Reitere-se que as condutas descritas no art. 50 da LEP dizem respeito à prática de falta grave pelos condenados a penas privativas de liberdade, as quais se aplicam, do mesmo modo, aos condenados à pena restritiva de direitos.

Assim descreve o art. 51 da LEP:

> Art. 51. Comete falta grave o condenado à pena **restritiva de direitos** que:
>
> I – descumprir, injustificadamente, a restrição imposta;
>
> II – retardar, injustificadamente, o cumprimento da obrigação imposta;
>
> III – inobservar os deveres previstos nos incisos II e V do art. 39[1] desta lei. (Brasil, 1984)

1 "Art. 39. Constituem deveres do condenado: [...] II – obediência ao servidor e respeito a qualquer pessoa com quem deva relacionar-se; [...] IV – conduta oposta aos movimentos individuais ou coletivos de fuga ou de subversão à ordem ou à disciplina" (Brasil, 1984).

Não obstante a LEP prever faltas graves para as penas restritivas de direito, nada impede que o Estado também o faça.

Segundo Mirabete (2007, p. 147), "cometida falta grave pelo condenado, à pena restritiva de direitos não se aplica sanção disciplinar". Para as faltas graves, as sanções disciplinares previstas na LEP são a "suspensão ou restrição de direitos" do preso e o "isolamento na própria cela, ou em local adequado" (art. 53, incisos III e IV, c.c. art. 57, parágrafo único).

Ainda, conforme Avena (2019, p. 77, grifo nosso), "Na apuração da falta grave, é indispensável assegurar ao apenado o direito à **ampla defesa** e ao **contraditório**, sob pena de nulidade da punição eventualmente aplicada".

Por isso, é fundamental que o preso tenha um defensor, seja particular, seja integrante do corpo jurídico da unidade prisional ou, ainda, da Defensoria Pública. Qualquer ausência de defesa para os casos em que a ampla defesa e o contraditório forem essenciais será passível de nulidade.

Sobre o tema, compete ainda reafirmarmos as palavras de Mirabete (2007, p. 144):

> Como a lei de execução penal prevê em *numerus clausus* as condutas que poderão identificar faltas graves por parte dos condenados e presos provisórios, não pode a lei local ou mero regulamento administrativo tipificar como tais outras condutas. Estas somente poderão ser consideradas como faltas médias ou leves quando previstas nessas normas complementares.

A respeito dos tipos de faltas descritos tanto na lei federal quanto nos regulamentos estaduais, vale salientar que, com a evolução da sociedade, muda também o comportamento do preso intramuros. O que podemos constatar é que muitas das descrições previstas, em especial nos estatutos estaduais, deixam de fazer sentido com o passar do tempo. Nesse caso, o ideal é que os departamentos penitenciários estaduais, vez ou outra, revejam e revisem tais condutas, ajustando os comportamentos às punições. Essa revisão visa evitar a impunidade no caso da prática de determinada conduta, que, não se enquadrando no rol de faltas graves previsto na LEP, poderá ser inserida no estatuto pela lei estadual.

— 2.3 —
Sanções disciplinares

Segundo o art. 45 da LEP: "Não haverá falta nem sanção disciplinar sem expressa e anterior previsão legal ou regulamentar". Assim, resta claro, conforme Marcão (2018, p. 68, grifo do original), que: "A Lei de Execução Penal está submetida aos ditames **dos princípios da reserva legal** e da **anterioridade da norma** (art. 5º, XXXIX, da CF; art. 1º do CP), de maneira que não pode haver falta ou sanção disciplinar sem expressa e anterior previsão legal ou regulamentar". Diante disso, a LEP assim estabeleceu o rol das sanções disciplinares aplicáveis:

> Art. 53. Constituem sanções disciplinares:
>
> I – advertência verbal;
>
> II – repreensão;
>
> III – suspensão ou restrição de direitos (artigo 41, parágrafo único);
>
> IV – isolamento na própria cela, ou em local adequado, nos estabelecimentos que possuam alojamento coletivo, observado o disposto no artigo 88 desta Lei.
>
> V – inclusão no regime disciplinar diferenciado. (Brasil, 1984)

Para cada falta praticada corresponde uma sanção. Diante disso, Mirabete (2007, p. 153) leciona:

> Todo sistema penitenciário deve conter adequado catálogo de medidas que tendam a manter a ordem e a disciplina no âmbito penitenciário e mesmo assegurar a regular execução das penas não privativas de liberdade a fim de que se possa desenvolver o processo destinado à reinserção ou adaptação social do condenado. Essas medidas podem consistir em admoestações, privações de certos direitos e mesmo no isolamento do condenado à pena privativa de liberdade.

Reside aí a importância da cientificação das normas disciplinares ao ingressar o preso na unidade penal, pois a imposição de uma disciplina é imprescindível, já que, ainda que haja a restrição do direito individual, o benefício reverterá em prol de toda a coletividade carcerária. No caso intramuros, a proteção do direito individual dá lugar à preservação do interesse coletivo dos sentenciados.

Ainda, como informa Marcão (2018, p. 68), "No cumprimento de pena privativa de liberdade, o poder disciplinar é conferido à autoridade administrativa, ao diretor do estabelecimento, não podendo ser delegada tal atribuição". E, sobre as penas restritivas de direito, continua o autor: "o poder disciplinar será exercido pela autoridade administrativa a que estiver sujeito o condenado" (Marcão, 2018, p. 68). Por isso, desde os primeiros fundamentos da LEP, resulta clara a natureza mista da execução penal, qual seja, administrativa e jurisdicional.

— 2.3.1 —

Processo disciplinar

Para que as sanções sejam adequadamente postas em prática, é imprescindível a aplicação do processo disciplinar, de modo a proporcionar a garantia jurisdicional necessária às partes envolvidas. Nesse sentido, Mirabete (2007, p. 162) preceitua:

> As sanções disciplinares devem ser aplicadas com toda a possível presteza, sem o que ficaria comprometida a eficácia da punição e anulados seus efeitos preventivos e ressocializações. Realmente, logo que cometida a falta, o faltoso não terá tido tempo ainda de racionalizar os motivos de sua conduta, racionalização essa que, se não tiver como efeito transformar a falta em ato meritório, pelo menos a justificará ou, em último

caso, a desculpará. Assim, o faltoso que, logo após o fato, teria recebido a punição com proveito, transcorrido o tempo, se não tiver feito aquela racionalização, terá, pelo menos, esquecido a ilicitude, a reprovabilidade do fato; de qualquer modo, sentirá a punição senão como injusta, pelo menos como desnecessária, inoportuna.

A LEP, assim como as sanções, descreveu também o processo disciplinar nos seguintes termos: "Art. 59. Praticada a falta disciplinar, deverá ser instaurado o procedimento para sua apuração, conforme regulamento, assegurado o direito de defesa. Parágrafo único. A decisão será motivada" (Brasil, 1984). Sobre o tema, aponta a jurisprudência:

> Necessidade de observância do devido processo legal – TJSP: Guardadas as devidas peculiaridades de dilação instrutória, tal como sucede com o processo de condenação, no procedimento administrativo alusivo à execução da pena merecem ser observados os princípios do devido processo legal, do contraditório e da ampla defesa, sobretudo no tocante à produção de provas, dadas as sérias consequências que possam advir ao *status libertatis* do condenado (RT 764/558).
>
> Necessidade de defesa técnica: TACRSP: Execução Penal – Sindicância realizada para apuração de falta grave – Inobservância do disposto no art. 5º, LV, da Constituição Federal – Nulidade – Ocorrência: A Sindicância realizada para apuração de faltas graves é nula se não for respeitado o disposto no art. 53, LV, da Constituição Federal, isto é, se o réu

> for julgado, administrativamente, sem que lhe seja nomeado um defensor (RJDTACRIM 21/47).

Ademais, as decisões administrativas em âmbito de execução penal, assim como as demais em âmbito judiciário, deverão ser fundamentadas. Aury Lopes Junior (2007, p. 391-392) relembra o dever de motivação da decisão na esfera da execução penal:

> Sua principal função é a de permitir o controle da racionalidade, pois só a fundamentação permite avaliar se a racionalidade da decisão predominou sobre o poder. [...] Tais regras básicas de um modelo garantista devem ser aplicadas na sua totalidade no processo de execução, inclusive na apuração de faltas disciplinares, pois muitas vezes a sanção é tão ou mais grave que aquela atribuída pela lei penal a condutas delituosas.

Nesses casos, cabe o alerta de que, durante o cumprimento da pena, a depender do *quantum* condenatório e da infringência das regras disciplinares, há presos que demoram anos para ter direito ao primeiro benefício. Isso acontece por uma única razão: o sentenciado começa a praticar faltas disciplinares, sobretudo as de natureza grave, as quais interrompem o lapso temporal, cuja consequência é o adiamento da concessão de seu direito de progressão de pena, além da perda dos dias remidos na forma descrita na LEP.

Nesse contexto, o art. 60 da LEP prevê que:

> A autoridade administrativa poderá decretar o isolamento preventivo do faltoso pelo prazo de até dez dias. A inclusão do preso no regime disciplinar diferenciado, no interesse da disciplina e da averiguação do fato, dependerá de despacho do juiz competente. (Brasil, 1984)

Frisamos, por fim, que "o tempo de isolamento ou de inclusão preventiva no regime disciplinar diferenciado será computado no período de cumprimento da sanção disciplinar" (Brasil, 1984).

— 2.3.2 —

Procedimento disciplinar

Antes de prosseguirmos, é importante destacar a diferença entre *procedimento* e *processo*. **Processo** é o instrumento indispensável para a adequada aplicação da sanção disciplinar no âmbito da execução penal, ou seja, a conduta do sentenciado e sua punição ou sua absolvição devem ser descritas e registradas em um processo disciplinar, no qual lhe foi oportunizado o contraditório e a ampla defesa, envolvendo a defesa do acusado, a autoridade administrativa e o juiz da execução.

Por sua vez, ***procedimento disciplinar*** é o conjunto de atos e formalidades necessários à apuração da infração disciplinar cometida ou não pelo sentenciado, ou seja, o passo a passo, a diretriz a ser percorrida para o desenvolvimento de um processo disciplinar.

A LEP não descreve com detalhes sobre o procedimento disciplinar. Vejamos o teor do art. 59 dessa lei: "Praticada a falta disciplinar, deverá ser instaurado o procedimento para sua apuração, conforme regulamento, assegurado o direito de defesa" (Brasil, 1984). O texto direciona para os regulamentos estaduais, pois vale relembrar que à LEP compete a norma geral, e aos estados, a norma suplementar. Nesse sentido, em cada estado deve ser verificada a norma aplicável. Para o fim deste estudo, a título de exemplo, continuaremos a tomar como base para a análise o Decreto n. 1.276/1995 do Estado do Paraná.

Conforme o art. 65 e seguintes do referido decreto, o procedimento a ser adotado é o que segue:

> Art. 65. Cometida a infração, o preso será conduzido ao setor de inspetoria do órgão ou do estabelecimento para registro da ocorrência e, se necessário, imediato isolamento provisório por prazo não superior a 10 dias, contados do dia do cometimento da falta.
>
> Parágrafo Único. A decisão que determinar o isolamento provisório será fundamentada.
>
> Art. 66. A ocorrência será comunicada imediatamente ao diretor que a encaminhará ao Conselho Disciplinar.
>
> [...]
>
> Art. 68. No caso de recolhimento provisório, encaminhar-se-á a comunicação do fato ao juiz competente, no prazo de vinte e quatro horas.

> Art. 69. O secretário do Conselho Disciplinar autuará a comunicação efetuando a juntada dos dados gerais do preso e, em dois dias úteis, realizará as diligências necessárias para a elucidação do fato, cabendo-lhe:
>
> I – requisitar o prontuário individual;
>
> II – ouvir, tomando por termo, o preso, o ofendido e as testemunhas, assegurada a participação do defensor.
>
> Art. 70. Instruído o processo com relatório circunstanciado do secretário, o Conselho Disciplinar observará, na aplicação das sanções, o estatuído no Art. 54 da Lei de Execução Penal.
>
> Parágrafo único. As decisões do Conselho Disciplinar, assim como as que couberem ao diretor do estabelecimento, serão proferidas no prazo de 48 horas, fundamentadamente. (Paraná, 1995)

Quanto à competência para aplicação, é relevante lembrar que as sanções disciplinares consistentes em advertência verbal, repreensão, suspensão ou restrições de direitos, bem como isolamento na própria cela ou em local adequado, serão aplicadas por ato motivado do diretor do estabelecimento, de acordo com a natureza das faltas praticadas, após sua regular apuração por intermédio de processo administrativo disciplinar. Por sua vez, a inclusão do preso em regime disciplinar diferenciado, conforme o art. 54, *caput* e parágrafo 1º, da LEP, deverá ser aplicada "por prévio e fundamentado despacho do juiz competente", após "requerimento circunstanciado elaborado pelo diretor do estabelecimento penal ou outra autoridade administrativa" (Brasil, 1984).

No que se refere à fixação da sanção, o legislador trouxe para o decreto estadual os parâmetros previstos na lei penal. Assim preceitua o art. 71 do Estatuto Penitenciário do Estado do Paraná: "Na fixação da sanção, ter-se-á em conta a natureza da falta, o grau de adaptação à vida carcerária, o tempo de prisão e primariedade ou reincidência" (Paraná, 1995). Para Mirabete (2007, p. 166),

> a imposição de uma sanção disciplinar lesa direitos individuais e, nos termos da Constituição Federal, não poderá ser ela excluída de apreciação do Poder Judiciário (art. 5º, XXXV). Poderá assim o sentenciado, sendo ou não previsto o competente recurso na legislação local ou regulamento, requerer a instauração do procedimento judicial para apuração de excesso ou desvio de execução quando da aplicação arbitrária de sanção disciplinar.

Verificamos, portanto, que, em qualquer hipótese, havendo arbitrariedade por parte da autoridade administrativa no decorrer do processo disciplinar, o Poder Judiciário deverá intervir. A propósito, vejamos recente julgado do Tribunal de Justiça do Estado do Paraná:

> PENAL. PROCESSO PENAL. EXECUÇÃO DE PENA. RECURSO DE AGRAVO. HOMOLOGAÇÃO DE FALTA GRAVE. RECURSO DA DEFESA. INSURGÊNCIA CONTRA DECISÃO QUE HOMOLOGOU FALTA GRAVE. REEDUCANDO ARGUI, PRELIMINARMENTE, NULIDADE DO FEITO POR NÃO SER OPORTUNIZADA À DEFESA

> MANIFESTAÇÃO, APÓS A REALIZAÇÃO DA AUDIÊNCIA DE JUSTIFICAÇÃO. TESE ACOLHIDA. AUSÊNCIA DE INTIMAÇÃO PRÉVIA DA DEFENSORIA PÚBLICA PARA SE MANIFESTAR NOS AUTOS, A RESPEITO DA HOMOLOGAÇÃO OU NÃO DE FALTA GRAVE, ENQUANTO AO DOUTO MINISTÉRIO PÚBLICO FOI OPORTUNIZADO TAL MISTER. **OFENSA AO CONTRADITÓRIO E A AMPLA DEFESA CARACTERIZADO. NULIDADE.** OCORRÊNCIA. PRECEDENTES. NULIDADE DECLARADA. "A despeito da regularidade do processo disciplinar, considera-se nula a homologação judicial do procedimento sem que se tenha oportunizada às partes vista dos autos para manifestação acerca da conclusão do processo administrativo disciplinar, por ofensa aos princípios do devido processo legal, da ampla defesa e do contraditório" (RHC 51.678/SP, Rel. Ministro NEFI CORDEIRO, SEXTA TURMA, julgado em 14/06/2016, DJe 22/06/2016). RECURSO CONHECIDO E PROVIDO. (TJPR. 4ª C. Criminal; Acórdão n. 0041880-30.2019.8.16.0019; Rel. Desembargadora Sônia Regina de Castro; julgado em 20.04.2020, grifo nosso)[2]

Quanto ao contraditório e à ampla defesa em sede de processo administrativo disciplinar, de um lado, o art. 5º, inciso LV: "aos litigantes, em processo judicial ou administrativo, e aos acusados em geral são assegurados o contraditório e a ampla defesa, com os meios e recurso a ela inerentes"; de outro lado, o Supremo Tribunal Federal (STF), com a Súmula Vinculante

2 Disponível em: <https://portal.tjpr.jus.br/jurisprudencia/j/4100000011915631/Ac%C3%B3rd%C3%A3o-0041880-30.2019.8.16.0019#>.

n. 5, de 7 de maio de 2008, assim estabeleceu: "A falta de defesa técnica por advogado no processo administrativo disciplinar não ofende a Constituição" (STF, 2008).

Embora não se mencione no âmbito da execução penal, entendemos ser imprescindível a oportunização ao contraditório e à ampla defesa nos processos disciplinares de execução penal, pois somente aqueles que testemunham o cotidiano dos bastidores de uma unidade penal sabem o que se passa intramuros. Ademais, resgatemos, nesse sentido, o art. 11, I, da Declaração Universal dos Direitos do Homem, que preceitua o seguinte: "Todo homem acusado de um ato delituoso tem o direito de ser presumido inocente até que a sua culpabilidade tenha sido provada de acordo com a lei, em julgamento público, no qual lhe tenham sido asseguradas todas as garantais necessárias à sua defesa" (Nações Unidas, 1948).

— 2.3.3 —
Conselho Disciplinar e votação

A composição do Conselho Disciplinar é regulamentada na legislação de cada estado. No caso do Paraná, o art. 67, parágrafos 1º a 4º, do Decreto Estadual n. 1.276/1995 prevê a participação dos seguintes membros para compor referido Conselho: "um secretário, que é relator, quatro técnicos e um defensor, sendo presidido pelo diretor. § 1º Os técnicos serão, respectivamente, dos setores de psicologia, serviço social, laborterapia e pedagogia"

(Paraná, 1995). As decisões do Conselho Disciplinar "serão tomadas por maioria de votos" (§ 2º), e "somente terão direito a voto os técnicos e o diretor" (§ 3º) do estabelecimento (Paraná, 1995).

É interessante observar que a participação e a oitiva do representante da divisão de segurança são obrigatórias (§ 4º), o que, certamente, traz relevantes contribuições sobre o fato ocorrido.

— 2.3.4 —
Recurso da decisão

Havendo inconformismo com a decisão, o apenado poderá pedir reconsideração. Se, eventualmente, surgirem novas provas, poderá requer revisão do processo disciplinar. Para esclarecer melhor a temática, referenciamos o Estatuto Penitenciário do Estado do Paraná (Decreto Estadual n. 1.276/1995), uma vez que a lei federal não previu, em detalhes, tais possibilidades.

Vejamos o tratamento dado pelo referido estatuto à reconsideração da decisão:

> Art. 76. O preso poderá solicitar a reconsideração da decisão, no prazo de cinco dias, contado de sua intimação, quando:
>
> I – não tiver sido unânime a decisão do Conselho Disciplinar ou quando a mesma, se for da competência do diretor, não acolher o que for decidido;
>
> II – a decisão não estiver de acordo com o relatório. (Paraná, 1995)

Quanto à revisão do processo disciplinar, inicialmente, lembramos que, no âmbito processual, temos a revisão criminal prevista no art. 621 do Código de Processo Penal (CPP) – Decreto-Lei n. 3.689, de 3 de outubro de 1941 –, a qual será possível nos seguintes casos:

> Art. 621. A revisão dos processos findos será admitida:
>
> I – quando a sentença condenatória for contrária ao texto expresso da lei penal ou à evidência dos autos;
>
> II – quando a sentença condenatória se fundar em depoimentos, exames ou documentos comprovadamente falsos;
>
> III – quando, após a sentença, se descobrirem novas provas de inocência do condenado ou de circunstância que determine ou autorize diminuição especial da pena. (Brasil, 1941)

Semelhante a tal procedimento, previu o legislador estadual paranaense, no art. 78, a revisão do processo disciplinar, nos seguintes termos:

> Art. 78. Poderá ser requerida a revisão do processo disciplinar quando:
>
> I – a decisão se fundamentar em testemunho ou documento comprovadamente falso;
>
> II – a sanção tiver sido aplicada em desacordo com as normas deste Estatuto ou da Lei. (Paraná, 1995)

Tanto o pedido de reconsideração quanto o de revisão deverão ser "requeridos ao presidente do Conselho Disciplinar do estabelecimento", que os submeterá à "apreciação do referido Conselho, em dois dias úteis, o qual decidirá fundamentadamente" (Paraná, 1995). No caso da reconsideração, de acordo com o art. 79, parágrafo 1º, do Decreto Estadual n. 1.276/1995, "julgado procedente o pedido, serão canceladas as sanções aplicadas, comunicando-se ao juiz da execução" (Paraná, 1995). Optando o Conselho por manter a decisão recorrida, "os autos serão encaminhados ao Conselho de Reclassificação e Tratamento" (Paraná, 1995). Somente a esse Conselho compete a reabilitação da falta grave, que ocorrerá mediante requerimento do preso ou de seu procurador por intermédio da direção da unidade penal, "transcorrido o período mínimo de seis meses, após o término do cumprimento da sanção para os presos que cumpram pena em regime fechado" e "de três meses [...] para os presos que cumpram pena no regime semiaberto", salvo regressão de regime (art. 80, incisos I e II; Paraná, 1995).

Quanto à reabilitação das faltas leves e médias, transcorridos 30 dias após o término do cumprimento da sanção, caberá ao Conselho Disciplinar reabilitá-las, retornando o preso ou internado à condição de primário para efeitos de emissão de atestado de comportamento carcerário na unidade prisional e anotação em seu prontuário. Não havendo reabilitação pelo Conselho Disciplinar, independentemente da natureza da falta praticada, decorridos 12 meses do cumprimento da última sanção imposta, a condição de primário será considerada automática (art. 83, parágrafo único, Decreto Estadual n. 1.276/1995).

Verificamos, então, os caminhos administrativos percorridos quando do cometimento de uma falta disciplinar pelo preso durante o cumprimento de sua pena na unidade prisional, bem como os procedimentos adotados, sem prejuízo do amparo judicial quando e se necessário.

— 2.4 —
Regime disciplinar diferenciado

Ondas de ataques oriundos de facções criminosas, além da crescente violência à vida de agentes penitenciários, diretores e demais funcionários do sistema carcerário, foram alguns dos motivos para a alteração da LEP e a implementação do regime disciplinar diferenciado (RDD).

Assim esclarece Avena (2019, p. 85):

> Não se trata o regime disciplinar diferenciado de uma quarta modalidade de cumprimento da pena privativa de liberdade além das já existentes (regime fechado, semiaberto e aberto), mas sim de uma forma especial de cumprimento da pena no regime fechado, caracterizada pela permanência do preso em cela individual, limitação do direito de visita e redução do direito de saída da cela.

O RDD, inserido pela Lei n. 10.792/2003 e recentemente alterado pela Lei n. 13.964/2009, reformulou e incluiu dispositivos complementando as diretrizes quanto à sua aplicação, considerando suas peculiaridades.

Sobre a concepção do RDD, Mirabete (2007, p. 118) ensina:

> Foi concebido para atender a necessidade de maior segurança nos estabelecimentos penais e em defesa da ordem pública contra criminosos que, por serem líderes ou integrantes de facções criminosas, são responsáveis por constantes rebeliões e fugas, ou permanecem, mesmo encarcerados, comandando ou participando de quadrilhas ou organizações criminosas atuantes no interior do sistema prisional e no meio social.

Para Kuehne (2019, p. 118):

> O Projeto (5.073/2001) ensejou a edição da Lei modificadora à Execução Penal e foi proposto pelo Poder Executivo. Após trâmite junto às Casas Legislativas, resultou na edição da Lei sob comento. Em que pese nossa pessoal discordância a tal modalidade de regime, legalizando as Resoluções editadas por alguns Estados (São Paulo, Rio de Janeiro), discute-se sua inconstitucionalidade. O Conselho Nacional de Política Criminal e Penitenciária, em abril de 2003, através de exaustivos estudos, manifestou-se contrariamente ao RDD.

Em que pesem os posicionamentos favoráveis ou contrários, cada um com suas razões, os quais veremos adiante, passaremos a analisar o que está contido na LEP a respeito do RDD.

— 2.4.1 —
Previsão legal do RDD e falta grave

O RDD, inserido no ordenamento jurídico pela Lei n. 10.792/2003, descreve que "também configura falta disciplinar grave, tanto para os condenados que cumprem pena privativa de liberdade quanto, em regra, para aqueles submetidos às penas restritivas de direitos, a prática de fato previsto como crime doloso" (Mirabete, 2007, p. 148).

Vejamos a descrição do art. 52 da LEP, alterada pela Lei 13.964/2019. Para melhor compreensão, fracionamos o dispositivo e passamos à sua análise.

a. **Características legais do RDD**

> Art. 52. A prática de fato previsto como crime doloso constitui falta grave e, quando ocasionar subversão da ordem ou disciplina internas, sujeitará o preso provisório, ou condenado, nacional ou estrangeiro, sem prejuízo da sanção penal, ao regime disciplinar diferenciado, com as seguintes características:

I – duração máxima de até 2 (dois) anos, sem prejuízo de repetição da sanção por nova falta grave de mesma espécie;

II – recolhimento em cela individual;

III – visitas quinzenais, de 2 (duas) pessoas por vez, a serem realizadas em instalações equipadas para impedir o contato físico e a passagem de objetos, por pessoa da família ou, no caso de terceiro, autorizado judicialmente, com duração de 2 (duas) horas;

IV – direito do preso à saída da cela por 2 (duas) horas diárias para banho de sol, em grupos de até 4 (quatro) presos, desde que não haja contato com presos do mesmo grupo criminoso;

V – entrevistas sempre monitoradas, exceto aquelas com seu defensor, em instalações equipadas para impedir o contato físico e a passagem de objetos, salvo expressa autorização judicial em contrário;

VI – fiscalização do conteúdo da correspondência;

VII – participação em audiências judiciais preferencialmente por videoconferência, garantindo-se a participação do defensor no mesmo ambiente do preso. (Brasil, 1984)

Nesse artigo, o *caput* foi alterado para incluir o nacional e o estrangeiro no rol daqueles que podem ser submetidos ao RDD. O inciso I trouxe a modificação do prazo de duração máxima para 2 anos – anteriormente era de 360 dias, o que causava questionamentos acerca do porquê 360, e não 365 dias (ou seja, um ano). O inciso II, que trata do recolhimento do preso em cela individual, permaneceu com a redação anterior.

O inciso III, por sua vez, sofreu modificações quanto às visitas. Antes da alteração da lei, o prazo era semanal, agora passou a ser quinzenal, de duas pessoas por vez, porém não menciona crianças, como fazia o dispositivo anterior. Acrescentou a lei que tais visitas serão realizadas em "instalações equipadas para impedir o contato físico e a passagem de objetos" (Brasil, 1984). E, para o caso de visita de terceiro, esta deverá ser autorizada judicialmente. Em qualquer caso, a duração prevista será de duas horas. Quanto à regulamentação das visitas, some-se ao inciso III o parágrafo 6º do art. 52, que preceitua que "a visita de que trata o inciso III do *caput* desse artigo será gravada em sistema de áudio ou de áudio e vídeo e, com autorização judicial, fiscalizada por agente penitenciário" (Brasil, 1984). Por fim, ainda no que diz respeito às visitas, mas agora quanto à ausência destas, o parágrafo 7º cuidou dos casos em que o preso, por várias razões, não recebe visita de familiares durante o tempo em que está no RDD. Vejamos:

> Art. 52. [...]
>
> [...]
>
> § 7º Após os primeiros 6 (seis) meses de regime disciplinar diferenciado, o preso que não receber a visita de que trata o inciso III do *caput* deste artigo poderá, após prévio agendamento, ter contato telefônico, que será gravado, com uma pessoa da família, 2 (duas) vezes por mês e por 10 (dez) minutos. (Brasil, 1984)

O inciso IV diferencia-se do previsto na lei anterior, uma vez que foi acrescentada a quantidade de presos que sairá para o banho de sol, qual seja, quatro, "desde que não haja contato com presos do mesmo grupo criminoso" (Brasil, 1984). Essa previsão tende a evitar os grandes problemas de agressões e violências que costumam acontecer nos momentos de banho de sol, quando facções rivais se encontram em algum ambiente ou mesmo no pátio da unidade penal.

Já o inciso V foi incluído para regulamentar as entrevistas que deverão ser "monitoradas, exceto aquelas com o defensor, em instalações equipadas para impedir o contato físico e a passagem de objetos, salvo expressa autorização judicial em contrário" (Brasil, 1984).

A fiscalização do conteúdo da correspondência, antes bastante discutida quanto a tratar-se ou não de violação à privacidade, agora restou regulamentada com o acréscimo do inciso VI ao art. 52 da LEP.

Por fim, no que tange às inovações, o legislador descreveu, nos casos de RDD, como uma de suas características, "a participação em audiências judiciais preferencialmente por videoconferência, garantindo-se a participação do defensor no mesmo ambiente do preso" (Brasil, 1984). Portanto, nesse caso, pode o defensor deslocar-se à unidade penal onde se encontra o preso e, diretamente de lá, participar da audiência por videoconferência.

b. **Perfil do preso para inclusão em RDD**

> Art. 52. [...]
>
> [...]
>
> § 1º O regime disciplinar diferenciado também será aplicado aos presos provisórios ou condenados, nacionais ou estrangeiros:
>
> I – que apresentem alto risco para a ordem e a segurança do estabelecimento penal ou da sociedade;
>
> II – sob os quais recaiam fundadas suspeitas de envolvimento ou participação, a qualquer título, em organização criminosa, associação criminosa ou milícia privada, independentemente da prática de falta grave. (Brasil, 1984)

No caso do parágrafo 1º do art. 52 citado, o legislador desmembrou o texto previsto no *caput* do art. 52 anterior para transformá-lo no inciso I, alterando a expressão "poderá abrigar" para "será aplicado" quando faz referência à aplicação do RDD. O inciso II do parágrafo 1º também foi alterado, com a inserção de que o regime será aplicado "independentemente da prática de falta grave" (Brasil, 1984).

O parágrafo 2º foi revogado, pois se transformou no inciso II com as alterações já mencionadas. A seu turno, o parágrafo 3º do art. 52 traz a seguinte descrição:

> Art. 52. [...]
>
> [...]
>
> § 3º Existindo indícios de que o preso exerce liderança em organização criminosa, associação criminosa ou milícia privada, ou que tenha atuação criminosa em 2 (dois) ou mais Estados da Federação, o regime disciplinar diferenciado será obrigatoriamente cumprido em estabelecimento prisional federal. (Brasil, 1984)

Nesse dispositivo, tratou o legislador de incluir o cumprimento do RDD em estabelecimento prisional federal se existir indícios de que o preso exerce liderança criminosa com vistas a promover a segurança pública. Sobre o tema, assim tratou a jurisprudência:

> HABEAS CORPUS. EXECUÇÃO PENAL. PRESÍDIO FEDERAL DE SEGURANÇA MÁXIMA. RENOVAÇÃO DO PRAZO DE PERMANÊNCIA DE PRESO NO REGIME DISCIPLINAR DIFERENCIADO. JUÍZO DE VALOR QUE NÃO CABE AO MAGISTRADO FEDERAL RESPONSÁVEL PELO ESTABELECIMENTO PRISIONAL. COMPETÊNCIA DO JUÍZO DA AÇÃO PENAL. GRAVIDADE DOS FATOS APRESENTADOS. ALTA PERICULOSIDADE DO APENADO E RISCO PARA A SEGURANÇA PÚBLICA. FUNDAMENTAÇÃO IDÔNEA. ORDEM DE HABEAS CORPUS DENEGADA.
>
> 1. A transferência e inclusão de presos em estabelecimento penal federal de segurança máxima, bem como a renovação de sua permanência, justifica-se (i) no interesse da segurança

pública ou (ii) do próprio preso, nos termos do art. 3.º da Lei n.º 11.671/2008, sendo medida de caráter excepcional.

2. Compete ao Juízo responsável pela ação penal a decisão sobre a manutenção do réu no regime disciplinar diferenciado quando a inclusão do preso no presídio federal foi justificada em elementos obtidos nos autos do processo de origem, sendo o Juízo responsável pelo presídio no qual se encontra atualmente o preso competente para solucionar incidentes ou pedidos relativos à execução da pena.

3. Existem elementos concretos que justificam a manutenção do Preso em Regime Disciplinar Diferenciado, pois se tratar de criminoso de alta periculosidade, líder de organização criminosa responsável pela ocorrência de rebeliões no sistema prisional do Estado do Amazonas, ocorridas no princípio do ano de 2017, persistindo os fundamentos que justificaram a transferência para o Presídio Federal com objetivo de assegurar segurança pública. 4. Ordem de habeas corpus denegada. (STJ. HC 473.642/AM; Rel. Ministra Laurita Vaz; julgamento em: 13/12/2018; DJe 04/02/2019)[3]

Nesse sentido, quanto à preservação da segurança, prevê o parágrafo 5º do art. 52 da LEP:

Art. 52. [...]

[...]

---

3 Disponível em: <https://stj.jusbrasil.com.br/jurisprudencia/672705390/habeas-corpus-hc-473642-am-2018-0267418-2>.

> § 5º Na hipótese prevista no § 3º deste artigo, o regime disciplinar diferenciado deverá contar com alta segurança interna e externa, principalmente no que diz respeito à necessidade de se evitar contato do preso com membros de sua organização criminosa, associação criminosa ou milícia privada, ou de grupos rivais. (Brasil, 1984)

Não é novidade a necessidade de maior aparato de segurança quando se trata de presos envolvidos em organizações ou associação criminosa, pois é de conhecimento da sociedade que, não raro, algum preso está sendo resgatado em uma ou noutra unidade penal da federação brasileira. Normalmente, quando esse fato acontece, trata-se de preso que tem maior "poder de comando" e um aparato considerável por parte dessas organizações criminosas.

c. Prazo e prorrogação estabelecida para o RDD

> Art. 52. [...]
>
> [...]
>
> § 4º Na hipótese dos parágrafos anteriores, o regime disciplinar diferenciado poderá ser prorrogado sucessivamente, por períodos de 1 (um) ano, existindo indícios de que o preso:
>
> I – continua apresentando alto risco para a ordem e a segurança do estabelecimento penal de origem ou da sociedade;
>
> II – mantém os vínculos com organização criminosa, associação criminosa ou milícia privada, considerados também

> o perfil criminal e a função desempenhada por ele no grupo criminoso, a operação duradoura do grupo, a superveniência de novos processos criminais e os resultados do tratamento penitenciário. (Brasil, 1984)

Aqui, o legislador traz a duração máxima de até dois anos com prorrogação pelo período de um ano, ao passo que a legislação anterior previa a duração máxima de 360 dias, "sem prejuízo de repetição da sanção por nova falta grave da mesma espécie" (Brasil, 1984), até o limite de um sexto da pena aplicada.

Por fim, quanto ao cometimento de fato previsto como crime dentro da unidade prisional, o que é não é incomum acontecer, ainda que não tenha sido objeto de condenação, a sanção disciplinar será aplicada após a apuração, observado o procedimento disciplinar. Nesse sentido, não se referindo a lei à "condenação", mas à prática de "fato previsto como crime", "a aplicação da sanção disciplinar independe de que o fato esteja ainda sendo objeto de inquérito ou ação penal, devendo apenas ser obedecidos a lei e o regulamento referentes ao procedimento disciplinar para que a sanção seja imposta" (Mirabete, 2007, p. 148).

d. Procedimento para inclusão do preso em RDD

A inclusão do preso no RDD, nos termos do parágrafo 1º do art. 54 da LEP, "dependerá de requerimento circunstanciado elaborado pelo diretor do estabelecimento ou outra autoridade administrativa" (Brasil, 1984). Contudo, a sanção disciplinar consistente na inclusão do preso no RDD dependerá de "prévio e fundamentado despacho do juiz competente. [...] precedida de manifestação do Ministério Público e da Defesa, prolatada no prazo máximo de quinze dias" (art. 54, § 2º; Brasil, 1984). Não se pode olvidar que todas as decisões deverão ser fundamentadas, conforme estabelece o art. 92, inciso IX, da Constituição Federal.

— 2.4.2 —
Divergências acerca da (in)constitucionalidade do RDD

Apesar de o RDD ter sido incluído na LEP em 2003, ainda há divergências doutrinárias quanto à sua real necessidade, ao seu cabimento e à sua constitucionalidade. Há autores que são contrários a esse regime, considerando-o inconstitucional; outros, porém, entendem pela sua constitucionalidade.

Quando da criação do RDD, surgiram os seguintes questionamentos: Trata-se de um quarto regime? Sua instituição afronta o princípio da dignidade humana?

Em um primeiro momento, há de se fazer uma análise do panorama do sistema prisional e do perfil dos presos que ora cumprem pena em nosso país. A atual situação do sistema carcerário é degradante, de forma que a ressocialização dos sentenciados fica cada vez mais difícil. A ausência de apoio do Governo Federal é evidente. O Congresso Nacional está inerte em sua função legislativa no que concerne à reforma do Código Penal (CP) e às demais alterações pertinentes. Enfim, o sistema penitenciário vive um período de claustrofobia.

Nessa esteira, com o advento do RDD, aqueles que porventura preenchem os requisitos legais para a ele serem submetidos, consagram a inexorável desesperança da liberdade e do convívio com os demais sentenciados. São conduzidos a tal regime como animais que se dirigem ao matadouro, no dizer dos próprios sentenciados.

Por esses argumentos e outros pormenores, a introdução desse novo instituto sofreu críticas de parte da doutrina (Baltazar Junior, 2006), que o considerou inconstitucional, com as seguintes justificativas:

> a) representa imposição de pena cruel (CF, art. 5º, XLVII); b) viola a integridade física e moral do preso (CF, art. 5º, XLIX); c) submete o preso a tratamento desumano ou degradante (CF, art. 5º, III); d) viola o princípio da legalidade (CF, art. 5º, XXXIX), por não estar previsto no CP; e) viola a garantia da individualização da pena (CF, art. 5º, XLVI); f) a garantia da proporcionalidade, pois a duração da penalidade é maior do que a de dispositivos do CP, como no caso de crime de lesões corporais; g) a garantia da vedação de prisão administrativa (CF, art. 5º, LXI). (Baltazar Junior, 2006)

Alegam a inconstitucionalidade alguns doutrinadores, pois, no Brasil, não podem ser instituídas penas cruéis, assegurando-se aos presos, sem qualquer distinção, o respeito à integridade física e moral, bem como a garantia de que ninguém será submetido a tratamento desumano ou degradante.

É questionável se a privação exacerbada da liberdade, sobretudo eivada de total solidão, por um período de até 2 anos, "sem prejuízo de repetição da sanção por nova falta grave de mesma espécie" (Brasil, 1984), encontra respaldo nos princípios constitucionais que devem servir de aparato ao sentenciado. Ao que parece, é evidente a violação de tais dispositivos.

No que concerne à individualização da aplicação da pena, Moreira (2004, p. 37-40) manifesta-se no sentido de que o RDD afronta a Constituição Federal:

> Entendemos que o RDD também afronta a Constituição, agora o seu art. 5º, XLVI, que trata da individualização da pena. Não se olvide que a individualização da pena engloba, não somente a aplicação da pena propriamente dita, mas também a sua posterior execução, com a garantia, por exemplo, da progressão de regime. Observa-se que o art. 59 do Código Penal, que estabelece as balizas para a aplicação da pena, prevê expressamente que o Juiz sentenciante deve prescrever "o regime inicial de cumprimento da pena privativa de liberdade", o que indica induvidosamente que o regime de cumprimento da pena é parte integrante do conceito "individualização da pena".

Ainda, portanto, não é possível admitir que, "*a priori*, alguém seja condenado a cumprir a sua pena em regime integralmente fechado, vedando-se absolutamente qualquer possibilidade de progressão, ferindo, inclusive, as apontadas finalidades da pena: a prevenção e a repressão" (Moreira, 2004).

Para Gomes (2007, p. 863),

> o RDD só não seria inconstitucional se respeitasse o prazo de trinta dias e se sua execução resguardasse a segurança interna e externa, mas sem afetar desarrazoadamente a essência da dignidade humana. O Estado constitucional, democrático e garantista de direito, é o que procura o equilíbrio entre a segurança e a liberdade individual, de maneira a privilegiar, neste balanceamento de interesses, os valores fundamentais da liberdade do ser humano. O desequilíbrio em favor do excesso de segurança com a consequente limitação excessiva da liberdade das pessoas implica, assim, em ofensa ao referido modelo de Estado.

Por outro lado, autores como Osório (2009, p. 74) entendem que o RDD não é inconstitucional, com o argumento de que a supressão de determinados direitos é extensão da pena aplicada:

> Com a devida vênia, não há crueldade no regime disciplinar diferenciado, entendida esta como sofrimento desarrazoado e imotivado. Sem dúvida que há privação de alguns direitos assegurados aos presos em geral. No entanto, é certo que a privação é inerente à própria ideia de pena ou sanção, sendo ainda admissível em medidas com caráter cautelar. Não há falar, tampouco, em violação da integridade física ou moral do preso, havendo mera diferença do grau de apenamento ou na forma de seu cumprimento, sem qualquer atentado físico ou mental sobre o preso.

Conforme constatamos, as divergências existem, todavia, as ponderações daqueles que alegam que o RDD afronta o princípio da legalidade podem ser refutadas sob o fundamento de que não há óbice algum para que a matéria seja regulada por lei, desde que respeitados os princípios constitucionais, sobretudo o contraditório e a ampla defesa, vigas mestras para a busca da justiça ao encarcerado.

Capítulo 3

Órgãos da execução penal e estabelecimentos penais

Para que a pena possa ser executada adequadamente, é necessário que os órgãos competentes estejam em consonância na prática de suas atividades. Para tanto, a Lei de Execução Penal (LEP) – Lei n. 7.210, de 11 de julho de 1984 –, no art. 61, previu os órgãos da execução penal:

> Art. 61. São órgãos da execução penal:
>
> I – o Conselho Nacional de Política Criminal e Penitenciária;
>
> II – o Juízo da Execução;
>
> III – o Ministério Público;
>
> IV – o Conselho Penitenciário;
>
> V – os Departamentos Penitenciários;
>
> VI – o Patronato;
>
> VII – o Conselho da Comunidade.
>
> VIII – a Defensoria Pública. (Brasil, 1984)

O objetivo da criação desses órgãos e da especificação de suas atribuições é delimitar suas áreas de atuação. Verificaremos que cada um desses órgãos tem suas atribuições estabelecidas pela lei justamente para evitar conflitos; ao contrário, com o objetivo, dentro do possível, de atuação conjunta em prol das melhorias no âmbito da execução penal.

Os órgãos da execução penal são oito, incluindo a Defensoria Pública, acrescentada pela Lei n. 12.313, de 19 de agosto de 2010 (Brasil, 2010b), que, depois de longas discussões sobre o tema, foi implementada nos âmbitos nacional e estadual.

Como esse tema não é costumeiramente abordado na academia, é oportuno ressaltar sua relevância, na medida em que cada um dos órgãos criados tem uma área de competência para atuar no âmbito da execução penal e no sistema penitenciário brasileiro.

O item 88 da Exposição de Motivos da LEP assim preceitua:

> 88. As atribuições pertinentes a cada um de tais órgãos foram estabelecidas de forma a evitar conflitos, realçando-se, ao contrário, a possibilidade de atuação conjunta, destinada a superar os inconvenientes graves, resultantes do antigo e generalizado conceito de que a execução das penas e medidas de segurança é assunto de natureza eminentemente administrativa. (Brasil, 1983)

Cumpre destacar que, não obstante sua ausência no rol dos órgãos de execução penal, em 2009 foi criado o Departamento de Monitoramento e Fiscalização do Sistema Carcerário e do Sistema de Execução de Medidas Socioeducativas (Lei n. 12.106/2009) no âmbito do Conselho Nacional de Justiça (CNJ). Entre suas incumbências, destacamos as relativas ao sistema carcerário; o acompanhamento e o monitoramento de projetos relativos à abertura de vagas; e o acompanhamento, a implantação e o funcionamento de sistema de gestão eletrônica da execução penal. Portanto, apesar de não previsto no rol de órgãos da execução penal, trata-se de órgão correlato que visa contribuir com as melhorias relativas ao sistema penitenciário brasileiro.

Para iniciarmos nosso estudo, cabe, primeiramente, citar órgãos da execução penal, os quais estão descritos no art. 61 da LEP:

1. Conselho Nacional de Política Criminal e Penitenciária (CNPCP).
2. Juízo da Execução.
3. Ministério Público.
4. Conselho Penitenciário.
5. Conselho Penitenciário.
6. Patronato.
7. Conselho da Comunidade.
8. Defensoria Pública.

De forma pontual, procuraremos abordar cada um dos órgãos contemplando objetivamente os aspectos mais primordiais da respectiva atuação. Passamos, então, ao primeiro órgão da execução penal.

— 3.1 —

Conselho Nacional de Política Criminal e Penitenciária

O Conselho Nacional de Política Criminal e Penitenciária (CNPCP) tem sede em Brasília e é órgão colegiado subordinado ao Ministério da Justiça. Frisamos que, conforme informa Avena (2019), o CNPCP foi instalado em julho 1980, ou seja, esse órgão já existia quando da vigência da Lei n. 7.210/1984 (LEP). O item 187 da Exposição de Motivos da LEP afirma que sua implantação tem proporcionado "valioso contingente de informações, de análises, de deliberações e de estímulo intelectual e material às atividades de prevenção da criminalidade" (Brasil, 1983).

No que se refere ao desempenho desse Conselho:

> Preconiza-se para esse Órgão a implementação, em todo o território nacional, de uma nova política criminal e principalmente penitenciária a partir de periódicas avaliações do sistema criminal, criminológico e penitenciário, bem como a execução de planos nacionais de desenvolvimento quanto às metas e prioridades da política a ser executada. (Brasil, 2020a)

Sobre o CNPCP e sua composição, os arts. 62 e seguintes da LEP assim preceituam:

> Art. 62. O Conselho Nacional de Política Criminal e Penitenciária, com sede na Capital da República, é subordinado ao Ministério da Justiça.
>
> Art. 63. O Conselho Nacional de Política Criminal e Penitenciária será integrado por 13 (treze) membros designados através de ato do Ministério da Justiça, dentre professores e profissionais da área do Direito Penal, Processual Penal, Penitenciário e ciências correlatas, bem como por representantes da comunidade e dos Ministérios da área social.
>
> Parágrafo único. O mandato dos membros do Conselho terá duração de 2 (dois) anos, renovado 1/3 (um terço) em cada ano. (Brasil, 1984)

As incumbências do CNPCP estão descritas no art. 64 da LEP, de tal forma que a ele cabe:

> Art. 64. Ao Conselho Nacional de Política Criminal e Penitenciária, no exercício de suas atividades, em âmbito federal ou estadual, incumbe:
>
> I – propor diretrizes da política criminal quanto à prevenção do delito, administração da Justiça Criminal e execução das penas e das medidas de segurança;
>
> II – contribuir na elaboração de planos nacionais de desenvolvimento, sugerindo as metas e prioridades da política criminal e penitenciária;
>
> III – promover a avaliação periódica do sistema criminal para a sua adequação às necessidades do País;
>
> IV – estimular e promover a pesquisa criminológica;
>
> V – elaborar programa nacional penitenciário de formação e aperfeiçoamento do servidor;
>
> VI – estabelecer regras sobre a arquitetura e construção de estabelecimentos penais e casas de albergados;
>
> VII – estabelecer os critérios para a elaboração da estatística criminal;
>
> VIII – inspecionar e fiscalizar os estabelecimentos penais, bem assim informar-se, mediante relatórios do Conselho Penitenciário, requisições, visitas ou outros meios, acerca do desenvolvimento da execução penal nos Estados, Territórios e Distrito Federal, propondo às autoridades dela incumbida as medidas necessárias ao seu aprimoramento;

> IX – representar ao Juiz da execução ou à autoridade administrativa para instauração de sindicância ou procedimento administrativo, em caso de violação das normas referentes à execução penal;
>
> X – representar à autoridade competente para a interdição, no todo ou em parte, de estabelecimento penal. (Brasil, 1984)

Com relação aos membros do referido Conselho, Mirabete (2007) entende que, para a competente designação, o Ministério da Justiça poderia avaliar melhor as condições a que devem atender os que pretendem integrar o órgão.

Por outro lado, quanto ao tempo dos mandatos, eles serão renovados anualmente, proibida a recondução daqueles que terminaram de exercer o mandato de dois anos, nos termos do parágrafo único do art. 64 da LEP.

No que se refere às atribuições do Conselho, compete a ele, durante seu período de mandato, implementar e realizar as ações previstas nos dispositivos legais.

— 3.2 —
Juízo da Execução

Quanto às atividades relacionadas ao Judiciário, competirá ao Juízo da Execução analisar e julgar os fatos, os requerimentos e outras matérias referentes ao cumprimento da pena, eis que, no decorrer desta, além de conflitos internos que acontecem entre os presos nas unidades prisionais, originários de brigas entre facções, rebeliões, motins e prática de faltas graves, muitos outros incidentes de execução podem ocorrer. Nesse sentido, Mirabete (2007, p. 177) alerta:

> Entre as hipóteses em que pode surgir um conflito entre o direito de punir do Estado e os direitos subjetivos do condenado estão não só as que estão incluídas como "incidentes da execução", que na legislação pátria são as conversões, o excesso ou desvio, a anistia e o indulto, como também outras ocorrências em que se contrapões tais direitos: aplicação de lei posterior mais benigna, unificação de penas, extinção da punibilidade, suspensão condicional, livramento condicional, remição etc.

Nos termos do art. 65 da LEP: "A execução penal competirá ao Juiz indicado na lei local de organização judiciária e, na sua ausência, ao da sentença" (Brasil, 1984). Contudo, tem-se entendido, por vezes, que a competência será sempre do juiz local quando se tratar de estabelecimento penal do Estado, e que a situação inversa – condenado já na Justiça Estadual que cumpre pena em estabelecimento penitenciário federal – merece igual tratamento.

Com relação ao tema, Franco (1991, citado por Mirabete, 2007, p. 115) leciona:

> A natureza e a sede do estabelecimento penitenciário em que o sentenciado cumpre a reprimenda determinam a competência do juiz para, no exercício da atividade jurisdicional,

> dirimir os incidentes da execução da pena, pois outro entendimento levaria a uma inadmissível dualidade jurisdicional em um mesmo presídio, criando, às vezes, inconciliáveis situações em relação a presos numa mesma situação, num mesmo estabelecimento penal, apenas e tão somente porque suas condenações foram decretadas por justiças diferentes.

No que tange às matérias a serem julgadas pelo Juízo da Execução, estas encontram-se descritas no art. 66 da LEP:

> Art. 66. Compete ao Juiz da execução:
>
> I – aplicar aos casos julgados lei posterior que de qualquer modo favorecer o condenado;
>
> II – declarar extinta a punibilidade;
>
> III – decidir sobre:
>
> a) soma ou unificação de penas;
>
> b) progressão ou regressão nos regimes;
>
> c) detração e remição da pena;
>
> d) suspensão condicional da pena;
>
> e) livramento condicional;
>
> f) incidentes da execução.
>
> IV – autorizar saídas temporárias;
>
> V – determinar:
>
> a) a forma de cumprimento da pena restritiva de direitos e fiscalizar sua execução;

b) a conversão da pena restritiva de direitos e de multa em privativa de liberdade;

c) a conversão da pena privativa de liberdade em restritiva de direitos;

d) a aplicação da medida de segurança, bem como a substituição da pena por medida de segurança;

e) a revogação da medida de segurança;

f) a desinternação e o restabelecimento da situação anterior;

g) o cumprimento de pena ou medida de segurança em outra comarca;

h) a remoção do condenado na hipótese prevista no § 1º, do artigo 86, desta Lei.

i) (VETADO); (Incluído pela Lei nº 12.258, de 2010)

VI – zelar pelo correto cumprimento da pena e da medida de segurança;

VII – inspecionar, mensalmente, os estabelecimentos penais, tomando providências para o adequado funcionamento e promovendo, quando for o caso, a apuração de responsabilidade;

VIII – interditar, no todo ou em parte, estabelecimento penal que estiver funcionando em condições inadequadas ou com infringência aos dispositivos desta Lei;

IX – compor e instalar o Conselho da Comunidade;

X – emitir anualmente atestado de pena a cumprir. (Brasil, 1984)

As competências citadas são meramente exemplificativas, uma vez que não exaurem todas as possibilidades de intervenção judicial. Assim, justifica-se a natureza jurisdicional da pena, pois, diante das competências legais atribuídas ao Juízo de Execução Penal, a este incumbe a fiscalização do adequado cumprimento dessa reprimenda, bem como as providências a serem designadas em caso de violação de tais preceitos.

— 3.3 —
Ministério Público

Nos termos do art. 1º da Lei n. 8.625, de 12 de fevereiro de 1993: "O Ministério Público é instituição permanente, essencial à função jurisdicional do Estado, incumbindo-lhe a defesa da ordem jurídica, do regime democrático e dos interesses sociais e individuais indisponíveis" (Brasil, 1993).

No que se refere à sua função, consoante prevê o art. 67 da LEP: "O Ministério Público fiscalizará a execução da pena e da medida de segurança, oficiando no processo executivo e nos incidentes de execução" (Brasil, 1984).

Portanto, o Ministério Público atuará como fiscal sempre que estiver diante de norma de ordem pública ou interesse indisponível. Desse modo, de acordo Mirabete (2007, p. 228),

> Como oficia "perante o Judiciário", o Ministério Público tem como limite para sua fiscalização o mesmo da atividade judiciária, que no aspecto jurisdicional, que nas decisões

> administrativas; atua ele processual e administrativamente como fiscal. Há legitimidade na função fiscalizadora do Ministério Público quando requer ou intervém na atividade administrativa sempre que estiver em jogo um direito público primário, tal como ocorre na desobediência às regras do regime progressivo, na aplicação de sanção penitenciária não prevista na lei, no desvio e excesso de execução etc.

Além da atribuição de fiscalização da pena, compete ao Ministério Público o requerimento de outras medidas, bem como a visita mensal aos estabelecimentos prisionais com o fim de averiguar as condições das unidades penais:

> Art. 68. Incumbe, ainda, ao Ministério Público:
>
> I – fiscalizar a regularidade formal das guias de recolhimento e de internamento;
>
> II – requerer:
>
> a) todas as providências necessárias ao desenvolvimento do processo executivo;
>
> b) a instauração dos incidentes de excesso ou desvio de execução;
>
> c) a aplicação de medida de segurança, bem como a substituição da pena por medida de segurança;
>
> d) a revogação da medida de segurança;
>
> e) a conversão de penas, a progressão ou regressão nos regimes e a revogação da suspensão condicional da pena e do livramento condicional;

> f) a internação, a desinternação e o restabelecimento da situação anterior.
>
> III – interpor recursos de decisões proferidas pela autoridade judiciária, durante a execução.
>
> Parágrafo único. O órgão do Ministério Público visitará mensalmente os estabelecimentos penais, registrando a sua presença em livro próprio. (Brasil, 1984)

Conforme Avena (2018, p. 127), "esse rol é meramente exemplificativo e, na verdade, revela-se até desnecessário, já que a amplitude do art. 67 da mesma lei abrange as situações nele previstas". Ressaltamos que a ausência de manifestação do Ministério Público em todas as fases referentes à execução da pena é causa de nulidade absoluta.

— 3.4 —
Conselho Penitenciário

Sobre a previsão legal do Conselho Penitenciário, sua função e sua composição, prevê a LEP o seguinte:

> Art. 69. O Conselho Penitenciário é órgão consultivo e fiscalizador da execução da pena.
>
> § 1º O Conselho será integrado por membros nomeados pelo Governador do Estado, do Distrito Federal e dos Territórios, dentre professores e profissionais da área do Direito Penal, Processual Penal, Penitenciário e ciências correlatas, bem

> como por representantes da comunidade. A legislação federal e estadual regulará o seu funcionamento.
>
> § 2º O mandato dos membros do Conselho Penitenciário terá a duração de 4 (quatro) anos. (Brasil, 1984)

De acordo a descrição da lei, o Conselho Penitenciário tem a função de órgão consultor e fiscalizador da execução, ou seja, faz a intermediação entre o Poder Executivo e o Poder Judiciário quando o assunto é execução da pena e os benefícios ou situações correlacionadas a ela.

Quanto aos deveres legais do Conselho Penitenciário, o art. 70 da LEP assim estabelece:

> Art. 70. Incumbe ao Conselho Penitenciário:
>
> I – emitir parecer sobre indulto e comutação de pena, excetuada a hipótese de pedido de indulto com base no estado de saúde do preso;
>
> II – inspecionar os estabelecimentos e serviços penais;
>
> III – apresentar, no 1º (primeiro) trimestre de cada ano, ao Conselho Nacional de Política Criminal e Penitenciária, relatório dos trabalhos efetuados no exercício anterior;
>
> IV – supervisionar os patronatos, bem como a assistência aos egressos. (Brasil, 1984)

Além das atribuições previstas no art. 70, podem surgir outras, razão por que se afirma que a questão não é taxativa, ao contrário, é possível que outras atividades sobrevenham. Nesse sentido, vejamos o que leciona Mirabete (2007, p. 235): "emitir parecer sobre livramento condicional, representar para a revogação do livramento condicional, representar para que sejam modificadas as condições estabelecidas nesse benefício, emitir parecer sobre a suspensão do curso do livramento condicional".

Verificamos, portanto, que os integrantes do Conselho Penitenciário desempenham papel relevante como coadjuvantes do Juízo da Execução da pena. Eis aí a razão de a lei descrever uma composição mista de profissionais para compor o Conselho, quais sejam, pessoas estudiosas das ciências humanas, bem como cidadãos atuantes nos órgãos jurisdicionais e integrantes da comunidade que têm interesse em participar na reintegração social do apenado.

Tendo em vista que a legislação estadual regula o funcionamento do Conselho Penitenciário, cada estado da Federação apresenta suas especificidades.

— 3.5 —
Departamentos penitenciários

O Departamento Penitenciário Nacional (Depen) é o principal órgão de controle, mas, conforme dispõe a LEP, pode a legislação local, ou seja, estadual, criar departamento penitenciário ou órgão similar, com as atribuições que houver por bem estabelecer. Assim estabelece o art. 74 da LEP: "O departamento penitenciário local, ou órgão similar, tem por finalidade supervisionar e coordenar os estabelecimentos penais da unidade da Federação a que pertencer" (Brasil, 1984). Vamos, a seguir, compreender como esses órgãos funcionam.

— 3.5.1 —
Departamento Penitenciário Nacional

Como vimos, o Depen, subordinado ao Ministério da Justiça, "é órgão executivo da Política Penitenciária Nacional e de apoio administrativo do Conselho Nacional de Política Criminal e Penitenciária" (Brasil, 1984), nos termos do art. 71 da LEP. Para Mirabete (2007, p. 237),

> trata-se de um órgão superior de controle, destinado a instrumentar a aplicação da Lei de Execução Penal e das diretrizes da política criminal adotadas pelo Conselho Nacional de Política Criminal e Penitenciária. Sua finalidade é viabilizar condições para que se possa implantar um ordenamento administrativo e técnico harmônico e homogêneo capaz de bem desenvolver essa política penitenciária.

Vale ressaltar que cada estado tem sua autonomia quanto à execução da pena, uma vez que à União competem as normas gerais, e aos estados, as normas suplementares. No entanto, "a fiscalização da União quanto à aplicação das normas gerais do regime penitenciário não compromete o princípio da autonomia estadual, mas, ao contrário, estabelece uma mútua colaboração na humanização da execução da pena" (Boschi; Silva, citados por Mirabete, 2007, p. 237).

As atribuições do Depen são as estabelecidas no art. 72 da Lei n. 7.210/1984 e no art. 32 do Anexo I do Decreto n. 9.662/2019. Assim consta na LEP:

> Art. 72 São atribuições do Departamento Penitenciário Nacional:
>
> I – acompanhar a fiel aplicação das normas de execução penal em todo o Território Nacional;
>
> II – inspecionar e fiscalizar periodicamente os estabelecimentos e serviços penais;
>
> III – assistir tecnicamente as Unidades Federativas na implementação dos princípios e regras estabelecidos nesta Lei;
>
> IV – colaborar com as Unidades Federativas mediante convênios, na implantação de estabelecimentos e serviços penais;
>
> V – colaborar com as Unidades Federativas para a realização de cursos de formação de pessoal penitenciário e de ensino profissionalizante do condenado e do internado.
>
> VI – estabelecer, mediante convênios com as unidades federativas, o cadastro nacional das vagas existentes em estabelecimentos locais destinadas ao cumprimento de penas privativas de liberdade aplicadas pela justiça de outra unidade federativa, em especial para presos sujeitos a regime disciplinar.
>
> VII – acompanhar a execução da pena das mulheres beneficiadas pela progressão especial de que trata o § 3º do art. 112 desta Lei, monitorando sua integração social e a ocorrência de

> reincidência, específica ou não, mediante a realização de avaliações periódicas e de estatísticas criminais. (Brasil, 1984)

Frisamos que esse último inciso foi recentemente incluído pela Lei n. 13.769, de 19 de dezembro de 2018 (Brasil, 2018), sendo, portanto, atribuição do Depen acompanhar a execução da pena das mulheres beneficiadas pela progressão especial de regime. Ainda, o citado art. 32 do Decreto n. 9.662/2019 assim dispõe:

> Art. 32. Ao Departamento Penitenciário Nacional cabe exercer as competências estabelecidas nos art. 71 e art. 72 da Lei nº 7.210, de 11 de julho de 1984–Lei de Execução Penal, e, especificamente:
>
> I – planejar e coordenar a política nacional de serviços penais;
>
> II – acompanhar a aplicação fiel das normas de execução penal no território nacional;
>
> III – inspecionar e fiscalizar periodicamente os estabelecimentos e os serviços penais;
>
> IV – prestar apoio técnico aos entes federativos quanto à implementação dos princípios e das regras da execução penal;
>
> V – colaborar, técnica e financeiramente, com os entes federativos quanto:
>
> a) à implantação de estabelecimentos e serviços penais;
>
> b) à formação e à capacitação permanente dos trabalhadores dos serviços penais;
>
> c) à implementação de políticas de educação, saúde, trabalho, assistência social, cultural, religiosa, jurídica e respeito

> à diversidade e às questões de gênero, para promoção de direitos das pessoas privadas de liberdade e dos egressos do sistema prisional; e
>
> d) à implementação da Política Nacional de Alternativas Penais e ao fomento às alternativas ao encarceramento;
>
> VI – coordenar e supervisionar os estabelecimentos penais e de internamento federais;
>
> VII – processar, analisar e encaminhar, na forma prevista em lei, os pedidos de indultos individuais;
>
> VIII – gerir os recursos do Fundo Penitenciário Nacional;
>
> IX – apoiar administrativa e financeiramente o Conselho Nacional de Política Criminal e Penitenciária;
>
> X – autorizar os planos de correição periódica e determinar a instauração de procedimentos disciplinares no âmbito do Departamento Penitenciário Nacional;
>
> XI – apoiar e realizar ações destinadas à formação e à capacitação dos operadores da execução penal, por intermédio da Escola Nacional de Serviços Penais;
>
> XII – elaborar estudos e pesquisas sobre a legislação penal; e
>
> XIII – promover a gestão da informação penitenciária e consolidar, em banco de dados nacional, informações sobre os sistemas penitenciários federal e dos entes federativos. (Brasil, 2019a)

O Depen está divido em um gabinete, uma ouvidoria e três diretorias: Diretoria-Executiva, Diretoria de Políticas Penitenciárias, Diretoria do Sistema Penitenciário Federal.

Também é responsável pela manutenção administrativa-financeira do CNPCP e pela gestão do Fundo Penitenciário Nacional (Funpen).

— 3.5.2 —
Departamentos penitenciários locais

A lei faculta a criação de departamentos penitenciários pelos estados, cujas atribuições devem ser previstas em regulamento local. Quanto à criação desses departamentos, a previsão legal encontra-se nos seguintes dispositivos da LEP: "Art. 73. A legislação local poderá criar Departamento Penitenciário ou órgão similar, com as atribuições que estabelecer" (Brasil, 1984).

Sobre a facultatividade trazida pela lei, assim manifesta-se Mirabete (2007, p. 239): "Deve-se lamentar a timidez da lei ao não prever a obrigatoriedade da criação desses órgãos locais, indispensáveis a que se faça ao mesmo tempo distribuição e integração harmônica e homogênea dos serviços administrativos dos estabelecimentos e serviços penais em cada Estado".

O art. 74 da LEP estabelece que o "Departamento Penitenciário local, ou órgão similar, tem por finalidade supervisionar e coordenar os estabelecimentos penais da Unidade da Federação a que pertencer" (Brasil, 1984). Tal dispositivo prevê, portanto, que caberá ao Depen local a gestão dos condenados nos estabelecimentos penais no que se refere ao trabalho prisional dentro das unidades, bem como a implementação das penas e das medidas de segurança, trabalho este que deverá ser feito conjuntamente entre o Poder Judiciário e o Depen, respectivamente, como órgão jurisdicional e administrativo da execução da pena.

No Estado do Paraná, por exemplo, há o Departamento Penitenciário (Depen-PR), gestor do sistema penitenciário, que se constitui em unidade administrativa de natureza programática da Secretaria da Segurança Pública e Administração Penitenciária. Suas principais atribuições, dadas pelo art. 2º do Regimento Interno do Depen – Resolução n. 233/2016 –, são:

> I – a administração do Sistema Penitenciário, através do apoio e orientação técnica e normativa as suas unidades componentes;
>
> II – a direção, coordenação, supervisão e o controle da atuação dos estabelecimentos penais e das demais unidades integrantes do Sistema Penitenciário;
>
> III – a adoção das medidas que visem o aperfeiçoamento do pessoal do Sistema Penitenciário, bem como a promoção da educação formal e profissionalizante dos presos;
>
> IV – o cumprimento das disposições constantes da Lei de Execução Penal;
>
> V – o relacionamento interinstitucional de interesse do Sistema Penitenciário, com vistas ao aprimoramento das ações na área penitenciária; e
>
> VI – o desempenho de outras atividades correlatas. (Depen-PR, 2016)

Verifica-se, portanto, que se trata de órgão responsável pela implementação das normativas legais, bem como de medidas relacionadas à gestão de pessoas que trabalham no sistema prisional, visando, em especial, ao cumprimento das disposições da Lei de Execução Penal no que concerne ao tratamento penal dispendido aos encarcerados.

— 3.5.3 —
Direção e pessoal dos estabelecimentos penais

A LEP previu, no art. 75, os requisitos para exercer o cargo de diretor do estabelecimento prisional, quais sejam:

> I – ser portador de diploma de nível superior de Direito, ou Psicologia, ou Ciências Sociais, ou Pedagogia, ou Serviços Sociais;
>
> II – possuir experiência administrativa na área;
>
> III – ter idoneidade moral e reconhecida aptidão para o desempenho da função.
>
> Parágrafo único. O diretor deverá residir no estabelecimento, ou nas proximidades, e dedicará tempo integral à sua função. (Brasil, 1984)

Os requisitos dispostos na lei descrevem um perfil singularizado para assumir a função, considerando que se trata de unidade prisional, contemplando suas particularidades. Sobre tais requisitos, manifesta-se Mirabete (2007, p. 241):

> em primeiro lugar, deve ser uma pessoa com formação profissional nas ciências humanísticas, de modo a ter condições de dispensar ao preso a atenção devida ao processo de reinserção social. Em segundo lugar, deve possuir experiência administrativa no desempenho de atividade relacionadas à administração penitenciária ou hospital psiquiátrico, tendo assim, conhecimentos técnicos específicos e prática nessa área da administração.

Vejamos o que diz o texto dos arts. 76 e 77 da LEP:

> Art. 76. O Quadro do Pessoal Penitenciário será organizado em diferentes categorias funcionais, segundo as necessidades do serviço, com especificação de atribuições relativas às funções de direção, chefia e assessoramento do estabelecimento e às demais funções.
>
> Art. 77. A escolha do pessoal administrativo, especializado, de instrução técnica e de vigilância atenderá a vocação, preparação profissional e antecedentes pessoais do candidato.
>
> § 1° O ingresso do pessoal penitenciário, bem como a progressão ou a ascensão funcional dependerão de cursos específicos de formação, procedendo-se à reciclagem periódica dos servidores em exercício.

> § 2º No estabelecimento para mulheres somente se permitirá o trabalho de pessoal do sexo feminino, salvo quando se tratar de pessoal técnico especializado. (Brasil, 1984)

Percebemos, diante disso, a complexidade da formação de um quadro funcional de pessoal penitenciário, consideradas as exigências, a diversidade de formações e, ainda, o público a ser atendido. Não é, portanto, tarefa fácil conseguir muito rapidamente um corpo técnico preparado. Demanda tempo e investimento do Estado, muitas vezes em concurso público, o que nem sempre é possível, a depender de vários fatores, incluindo a previsão de orçamento destinado à segurança pública.

Os quadros de pessoal do sistema penitenciário, em regra, são divididos nas seguintes categorias: administrativo, técnico ou especializado, instrução técnica e vigilância. Importante ressaltar que a lei traz em sua descrição a necessidade de formação e capacitação dos profissionais para trabalhar nessa área específica.

— 3.6 —
Patronato

Conforme esclarece Avena (2019, p. 139), "O patronato trabalha com o apenado que se encontra solto, quer por se encontrar no regime aberto, quer em razão de estar cumprindo pena restritiva de direitos, quer porque em gozo do *sursis* ou em liberdade condicional".

A LEP previu o patronato como local a que se atribui parte do tratamento penal. Nesse sentido, Mirabete (2007, p. 244) elucida que a

> função principal do patronato é auxiliar o egresso, em sua nova vida, com vistas a eliminar obstáculos, suprimir sugestões delituosas, assistir o egresso e auxiliá-lo a superar as dificuldades iniciais de caráter econômico, familiar ou de trabalho que surgem depois do período de isolamento decorrente do cumprimento da pena, em que se debilitaram os laços que o unem à sociedade.

A respeito da questão, assim estabelecem os arts. 78 e 79 da LEP:

> Art. 78. O Patronato público ou particular destina-se a prestar assistência aos albergados e aos egressos (artigo 26).
>
> Art. 79. Incumbe também ao Patronato:
>
> I – orientar os condenados à pena restritiva de direitos;
>
> II – fiscalizar o cumprimento das penas de prestação de serviço à comunidade e de limitação de fim de semana;
>
> III – colaborar na fiscalização do cumprimento das condições da suspensão e do livramento condicional. (Brasil, 1984)

É importante diferenciar quem são esses sujeitos. Os *albergados* são os indivíduos que cumprem a pena privativa de liberdade no regime aberto (art. 93, LEP). Já os *egressos*, conforme rege o art. 26, incisos I e II, da LEP, são "o liberado definitivo, pelo prazo de 1 (um) ano a contar da saída do estabelecimento" e "o liberado condicional, durante o período de prova" (Brasil, 1984). Por sua vez, os *condenados à pena restritiva de direitos* são os sentenciados que cumprem prestação de serviços à comunidade, interdição temporária de direitos ou limitação de fim de semana, consoante prevê o art. 79 da LEP.

— 3.7 —
Conselho da Comunidade

O Conselho da Comunidade, um dos órgãos componentes da execução penal, a quem compete representar a sociedade, tem relevante colaboração na reinserção do apenado na preparação de sua reinserção social. Embora seja sabido que há, de certa maneira, uma repugnância social quanto aos presos, justamente em razão dos crimes por estes praticados contra a sociedade, devemos lembrar que no Brasil não temos prisão perpétua, logo, hora ou outra, esse preso voltará ao convívio social.

Conforme Avena (2019, p. 140), "a instituição legal do Conselho da Comunidade relaciona-se à importância da participação da sociedade no processo de reintegração do condenado, já que o descaso da sociedade, reconhecidamente, é um dos fatores determinantes da reincidência criminosa".

Quanto à composição e às incumbências desse Conselho, a LEP prevê o seguinte:

> Art. 80. Haverá, em cada comarca, um Conselho da Comunidade composto, no mínimo, por 1 (um) representante de associação comercial ou industrial, 1 (um) advogado indicado pela Seção da Ordem dos Advogados do Brasil, 1 (um) Defensor Público indicado pelo Defensor Público Geral e 1 (um) assistente social escolhido pela Delegacia Seccional do Conselho Nacional de Assistentes Sociais.
>
> Parágrafo único. Na falta da representação prevista neste artigo, ficará a critério do Juiz da execução a escolha dos integrantes do Conselho.
>
> Art. 81. Incumbe ao Conselho da Comunidade:
>
> I – visitar, pelo menos mensalmente, os estabelecimentos penais existentes na comarca;
>
> II – entrevistar presos;
>
> III – apresentar relatórios mensais ao Juiz da execução e ao Conselho Penitenciário;
>
> IV – diligenciar a obtenção de recursos materiais e humanos para melhor assistência ao preso ou internado, em harmonia com a direção do estabelecimento. (Brasil, 1984)

O item 24 Exposição de Motivos da LEP afirma, inclusive, que "nenhum programa destinado a enfrentar os problemas referentes ao delito, ao delinquente e à pena se completaria sem o indispensável e contínuo apoio comunitário" (Brasil, 1983).

Sobre o tema, Marcão (2018, p. 118) ressalta que

> Nessa mesma ordem de ideias, o Princípio n. 10 dos Princípios Básicos Relativos ao Tratamento de Reclusos, ditados pela Assembleia Geral das Nações Unidas, visando a humanização da justiça penal e a proteção dos direitos do homem, tem a seguinte redação: "Com a participação e ajuda da comunidade e das instituições sociais, e com o devido respeito pelos interesses das vítimas, devem ser criadas condições favoráveis à reinserção do antigo recluso na sociedade, nas melhores condições possíveis".

Ainda, é importante citar o art. 5º, parágrafo 1º, da Resolução n. 96, de 27 de outubro de 2009, do CNJ – Projeto Começar de Novo no âmbito do Poder Judiciário –, que dispõe sobre a necessidade de instalação e regular funcionamento dos Conselhos da Comunidade, sobretudo na implementação de projetos de reinserção social.

— 3.8 —
Defensoria Pública

A Lei n. 12.313/2010 incluiu a Defensoria Pública entre os órgãos da execução penal. Com a organização das Defensorias Públicas nos estados e no âmbito federal, sua inclusão ocupa papel relevante no atendimento aos casos que envolvem tema relativo ao direito de execução penal. De acordo com a LEP, a Defensoria Pública terá sob sua responsabilidade as seguintes atividades:

Art. 81-A. A Defensoria Pública velará pela regular execução da pena e da medida de segurança, oficiando, no processo executivo e nos incidentes da execução, para a defesa dos necessitados em todos os graus e instâncias, de forma individual e coletiva.

Art. 81-B. Incumbe, ainda, à Defensoria Pública:

I – requerer:

a) todas as providências necessárias ao desenvolvimento do processo executivo;

b) a aplicação aos casos julgados de lei posterior que de qualquer modo favorecer o condenado;

c) a declaração de extinção da punibilidade;

d) a unificação de penas;

e) a detração e remição da pena;

f) a instauração dos incidentes de excesso ou desvio de execução;

g) a aplicação de medida de segurança e sua revogação, bem como a substituição da pena por medida de segurança;

h) a conversão de penas, a progressão nos regimes, a suspensão condicional da pena, o livramento condicional, a comutação de pena e o indulto;

i) a autorização de saídas temporárias;

j) a internação, a desinternação e o restabelecimento da situação anterior;

k) o cumprimento de pena ou medida de segurança em outra comarca;

> l) a remoção do condenado na hipótese prevista no § 1º do art. 86 desta Lei;
>
> II – requerer a emissão anual do atestado de pena a cumprir;
>
> III – interpor recursos de decisões proferidas pela autoridade judiciária ou administrativa durante a execução;
>
> IV – representar ao Juiz da execução ou à autoridade administrativa para instauração de sindicância ou procedimento administrativo em caso de violação das normas referentes à execução penal;
>
> V – visitar os estabelecimentos penais, tomando providências para o adequado funcionamento, e requerer, quando for o caso, a apuração de responsabilidade;
>
> VI – requerer à autoridade competente a interdição, no todo ou em parte, de estabelecimento penal.
>
> Parágrafo único. O órgão da Defensoria Pública visitará periodicamente os estabelecimentos penais, registrando a sua presença em livro próprio. (Brasil, 1984)

O rol de atribuições da Defensoria Pública, apesar de extenso, não é exaustivo, especialmente quando se trata da preservação dos interesses e dos direitos dos sentenciados. Com relação à atuação da Defensoria, Kuehne (2019, p. 182) assevera: "temos afirmado que uma Defensoria atuante, com pessoal adequado e autonomia fará com que o futuro da Execução Penal venha a ser completamente diferente da situação que se vê nos dias de hoje".

Com a implementação das Defensorias Públicas, almeja-se o aperfeiçoamento do atendimento aos presos que não dispõem de condições de acesso à Justiça por intermédio de advogado constituído. Os defensores públicos são os profissionais aptos a compreender as aflições dos presos e de seus familiares. Trata-se, portanto, de instituição indispensável para dar atendimento de forma individual ou coletiva aos direitos do preso durante a execução da pena, bem como ao objetivo maior da LEP, qual seja, a ressocialização.

— 3.9 —

Estabelecimentos penais

Conforme a LEP, art. 87 e seguintes, os estabelecimentos penais compreendem:

- a penitenciária, destinada ao condenado à reclusão, a ser cumprida em regime fechado;
- a Colônia Penal Agrícola, Industrial ou Similar, reservada para a execução da pena de reclusão ou de detenção em regime semiaberto;
- a Casa do Albergado, prevista para colher os condenados à pena privativa de liberdade em regime aberto e à pena de limitação de fim de semana;
- o Centro de Observação, onde são realizados os exames gerais e criminológicos;
- o Hospital de Custódia e Tratamento Psiquiátrico, que se destina às pessoas com deficiências mentais, com desenvolvimento mental incompleto ou retardado e aos que manifestam perturbação das faculdades mentais; e

- a cadeia pública, para onde devem ser remetidos os presos provisórios (prisão em flagrante, prisão temporária ou prisão preventiva).

A LEP descreve, em seus arts. 82 e seguintes, as peculiaridades arquitetônicas relativas aos aspectos de construção e composição do sistema prisional, bem como do cumprimento de pena pelos presos provisórios e pelas mulheres.

> Art. 82. Os estabelecimentos penais destinam-se ao condenado, ao submetido à medida de segurança, ao preso provisório e ao egresso.
>
> § 1° A mulher e o maior de sessenta anos, separadamente, serão recolhidos a estabelecimento próprio e adequado à sua condição pessoal.
>
> § 2° O mesmo conjunto arquitetônico poderá abrigar estabelecimentos de destinação diversa desde que devidamente isolados. (Brasil, 1984)

Em se tratando das mulheres nos termos do art. 5°, inciso XLVIII, da Constituição Federal, "a pena será cumprida em estabelecimentos distintos, de acordo com a natureza do delito, a idade e o sexo do apenado" (Brasil, 1984). Assim, ao tratar de estabelecimento adequado ao cumprimento da pena, a lei descreve que também deve ser recolhido em condições adequadas o apenado maior de 60 anos. Segundo o art. 83 da LEP:

"O estabelecimento penal, conforme a sua natureza, deverá contar em suas dependências com áreas e serviços destinados a dar assistência, educação, trabalho, recreação e prática esportiva" (Brasil, 1984). Ainda nos termos do art. 83 e seus parágrafos, a Figura 3.1 traz um esquema dos requisitos a serem observados pelos estabelecimentos penais.

Figura 3.1 – Requisitos obrigatórios aos estabelecimentos penais

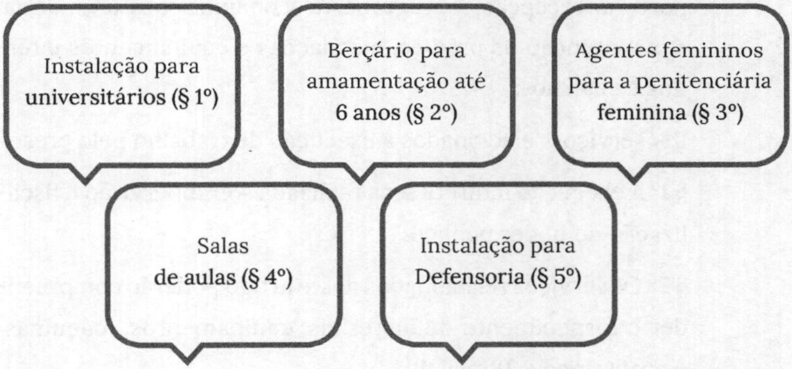

Fonte: Elaborado com base em Brasil, 1984.

Conforme Avena (2019),

> Essa disposição vai ao encontro de outras regras inseridas na Lei de Execução Penal, especialmente aquelas que garantem ao preso a assistência material (arts. 12 e 13), a assistência à saúde (art. 14), a assistência jurídica (arts. 15 e 16), a assistência educacional (arts. 17 a 21) e a assistência social (arts. 22 e 23). Concilia-se a disposição, também, com as normas que regulamentam o trabalho do preso (arts. 28 a 37 da LEP).

Por fim, em 2015 foi inserido o art. 83-A na LEP, dispondo sobre a possibilidade de execução indireta (terceirização) de algumas atividades:

> 83-A. Poderão ser objeto de execução indireta as atividades materiais acessórias, instrumentais ou complementares desenvolvidas em estabelecimentos penais, e notadamente;
>
> I – serviços de conservação, limpeza, informática, copeiragem, portaria, recepção, reprografia, telecomunicações, lavanderia e manutenção de prédios, instalações e equipamentos internos e externos;
>
> II – serviços relacionados à execução de trabalho pelo preso;
>
> § 1º A execução indireta será realizada sob supervisão e fiscalização do poder público.
>
> § 2º Os serviços relacionados neste artigo poderão compreender o fornecimento de materiais, equipamentos, máquinas e profissionais. (Brasil, 1984)

O art. 83-B, por sua vez, a fim de evitar maiores discussões, dispôs que:

> Art. 83-B. São indelegáveis as funções de direção, chefia e coordenação no âmbito do sistema penal, bem como todas as atividades que exijam o exercício do poder de polícia, e notadamente:
>
> I – classificação de condenados;
>
> II – aplicação de sanções disciplinares;

> III – controle de rebeliões;
>
> IV – transporte de presos para órgãos do Poder Judiciário, hospitais e outros locais externos aos estabelecimentos penais. (Brasil, 1984)

Sobre a delegação dessas atividades para as empresas privadas, trata-se de uma possibilidade que a lei dispõe ao Estado para compartilhar parte das responsabilidades relativas ao sistema prisional. Não obstante o custo que possa gerar, os benefícios são favoráveis, uma vez que nem sempre o Estado tem condições humanas ou materiais de dar atendimento, na integralidade, aos dispositivos constantes na LEP.

— 3.9.1 —
Penitenciária

A LEP dispõe sobre as unidades prisionais de forma apartada, estabelecendo o perfil de preso a que cada uma delas se destina para viabilizar o cumprimento da pena.

Nesse sentido, o art. 87 da LEP prevê que a penitenciária é a unidade reservada aos condenados à pena de reclusão, em regime fechado. Conforme o parágrafo único desse mesmo artigo da LEP:

> A União Federal, os Estados, o Distrito Federal e os territórios poderão construir Penitenciárias destinadas, exclusivamente, aos presos provisórios e condenados que estejam em regime

> fechado, sujeitos ao regime disciplinar diferenciado, nos termos do art. 52 desta Lei. (Brasil, 1984)

O art. 88, por sua vez, estabelece que "o condenado será alojado em cela individual, a qual conterá dormitório, aparelho sanitário e lavatório", sendo "requisitos básicos da unidade celular": a "salubridade do ambiente pela concorrência dos fatores de aeração, insolação e condicionamento térmico adequado à existência humana"; e uma "área mínima de 6,00 m^2" (Brasil, 1984). Embora as normas da LEP sejam programáticas, diante do cenário que se vislumbra no atual sistema carcerário, é possível constatar que não houve, até o momento, o amoldamento adequado aos preceitos determinados por essa lei, o que se corrobora tendo em vista a superlotação das unidades prisionais brasileiras.

— 3.9.2 —
Colônia Penal Agrícola, Industrial ou Similar

Considerando a diversidade de perfis dos presos, bem como a natureza dos delitos praticados e as penas aplicadas, a LEP previu um regime intermediário de cumprimento de pena, qual seja, o semiaberto.

Sobre o regime semiaberto, preceitua a LEP, em seu art. 90, que a Colônia Agrícola, Industrial ou Similar é destinada ao cumprimento da pena que for imposta nesse regime. Acerca do tema, manifesta-se a doutrina: "entre a prisão fechada, servida de aparatos físicos ou materiais que lhes garantem segurança máxima em favor da disciplina e contra as fugas, e a prisão aberta, despida de quaisquer aparatos semelhantes, existe um meio-termo, que é constituído pela prisão semiaberta" (Miotto, citado por Mirabete, 2007, p. 273).

Portanto, a Colônia Penal Agrícola, Industrial ou Similar constitui-se em estabelecimento de segurança média, sem muros ou grades, com vigilância exercida por meio de guarda discreta e não armada, de tal forma que os presos gozam de relativa liberdade de movimento, já que o regime semiaberto se baseia, sobretudo, na disciplina e na responsabilidade do preso (Avena, 2019).

— 3.9.3 —
Casa do Albergado

Conforme rege o art. 93 da LEP, a Casa do Albergado reserva-se "ao cumprimento de pena privativa de liberdade, em regime aberto, e da pena de limitação de fim de semana (Brasil, 1984). Avena (2019, p. 169, grifo do original) assim esclarece a diferença entre esses dois tipos de pena:

> O **regime aberto**, nos termos do art. 36, *caput*, do Código Penal baseia-se na autodisciplina e senso de responsabilidade do condenado. Este deverá, fora do estabelecimento e sem vigilância, trabalhar, frequentar curso ou exercer outra atividade autorizada, permanecendo recolhido na casa do albergado durante o período noturno e nos dias de folga (art. 36, § 1º, do CP).

> A **limitação de fim de semana**, por sua vez, consiste na obrigação de permanecer, aos sábados e domingos, por cinco horas diárias, em casa do albergado ou outro estabelecimento adequado (art. 48, *caput*, do CP). Nesse local poderão ser ministrados ao condenado cursos e palestras ou atribuídas atividades educativas (art. 48, parágrafo único, do CP).

Por sua vez, o art. 95 da LEP determina que "em cada região haverá, pelo menos, uma Casa do Albergado, a qual deverá conter, além dos aposentos para acomodar os presos, local adequado para cursos e palestras, além de "instalações para os serviços de fiscalização e orientação dos condenados" (Brasil, 1984).

Sobre a localização, a LEP, em seu art. 94, assim determina: "O prédio deverá situar-se em centro urbano, separado dos demais estabelecimentos, e caracterizar-se pela ausência de obstáculos físicos contra a fuga" (Brasil, 1984).

Todavia, no Brasil, a realidade difere muito do que propõe a LEP. Diante da ausência de Casas do Albergado, o cumprimento da pena em regime aberto, não raro, é substituído pela prisão domiciliar. O preso não pode ser responsabilizado pela omissão do Estado em cumprir suas obrigações. Nesse cenário de superlotação carcerária e de insuficiência de Casas do Albergado, bem como em razão de outros problemas que assolam o sistema carcerário, foi publicada a Lei n. 12.258, de 15 de junho de 2010, que incluiu "a possibilidade de utilização do equipamento de vigilância indireta pelo condenado à pena privativa de liberdade" (Brasil, 2010a) – a denominada *monitoração eletrônica*. A lei descreve que o juiz poderá estipular a monitoração com a implementação da tornozeleira eletrônica quando "II – autorizar a saída temporária no regime semiaberto; [...] IV – determinar a prisão domiciliar" (Brasil, 2010a).

Com esteio nessa previsão legal, encontramos uma forma mais harmonizada de cumprimento de pena, pois tanto a saída temporária quanto a prisão domiciliar poderão ser realizadas com a utilização desse equipamento, sob fiscalização e regulamentação do Estado, proporcionando, assim, mais dignidade ao apenado.

— 3.9.4 —
Centro de Observação

Nos termos do art. 96 da LEP, o Centro de Observação destina-se à realização dos "exames gerais e o criminológico, cujos resultados serão encaminhados à Comissão Técnica de Classificação [CTC]" (Brasil, 1984). No Centro de Observação também podem ser realizadas pesquisas criminológicas. Os arts. 97 e 98 da LEP assim dispõem:

> Art. 97. O Centro de Observação será instalado em unidade autônoma ou em anexo a estabelecimento penal.

> Art. 98. Os exames poderão ser realizados pela Comissão Técnica de Classificação, na falta do Centro de Observação. (Brasil, 1984)

O Centro de Observação, portanto, é primordial para a correta individualização da pena. Conforme explica Avena (2019, p. 170):

> A fim de orientar a individualização pena e, assim, dar início à fase executória, estabelece o art. 5º da LEP a necessidade de classificação dos condenados a pena privativa de liberdade, fixando como critério obrigatório o *exame de personalidade*. Já o art. 8º da LEP refere que o condenado ao cumprimento de pena privativa de liberdade em regime fechado será submetido a *exame criminológico* para obtenção dos elementos necessários a uma adequada classificação e com vistas à individualização da execução. Por sua vez, dispõe o parágrafo único desse mesmo artigo que também o condenado ao cumprimento da pena privativa de liberdade em regime semiaberto poderá ser submetido àquele exame.

Nesse contexto, "os pareceres do Centro de Observação fornecem ao juiz elementos importantes acerca da personalidade do condenado, subsidiando-o na concessão ou não de benefícios penais" (Avena, 2019, p. 170). Além disso, eles possibilitam a primeira classificação dos condenados.

— 3.9.5 —
Hospital de Custódia e Tratamento Psiquiátrico

Conforme disposição do art. 99 da LEP: "O Hospital de Custódia e Tratamento Psiquiátrico destina-se aos inimputáveis e semi-imputáveis referidos no artigo 26 e parágrafo único do Código Penal" (Brasil, 1984), *verbis*:

> Art. 26. É isento de pena o agente que, por doença mental ou desenvolvimento mental incompleto ou retardado, era, ao tempo da ação ou da omissão, inteiramente incapaz de entender o caráter ilícito do fato ou de determinar-se de acordo com esse entendimento.
>
> **Redução de pena**
>
> Parágrafo único. A pena pode ser reduzida de um a dois terços, se o agente, em virtude de perturbação de saúde mental ou por desenvolvimento mental incompleto ou retardado não era inteiramente capaz de entender o caráter ilícito do fato ou de determinar-se de acordo com esse entendimento. (Brasil, 1940, grifo do original)

Assim, o legislador deu especial atenção às pessoas com deficiências mentais e aos inimputáveis e, em razão da não aplicação da medida de segurança (para os casos de deficiência mental) nem da pena (para os inimputáveis), houve a necessidade de criação de locais apropriados para essas pessoas que viessem a cometer alguma infração penal. Para tanto, a lei previu os Hospitais de Custódia e Tratamento Psiquiátrico, destinados exclusivamente ao acolhimento de pessoas em fase de incidente de insanidade mental ou para o cumprimento da medida de segurança, seja de internamento, seja de tratamento ambulatorial (Nunes, 2016).

São, portanto, como bem explica Nunes (2016), espécies de hospitais especiais, que se caracterizam por contarem com serviços de saúde e de prisão, tendo em vista que sua função é também tratar o paciente relativamente às suas anomalias psiquiátricas, além de cercear a liberdade de pessoas que, se em liberdade, poderiam praticar novas infrações penais, uma vez que não têm discernimento mental suficiente para entender as consequências dos atos humanos.

Contudo, a realidade ainda não é a ideal. Acerca dessa vivência, explica Marcão (2018, p. 135, grifo do original):

> Por aqui também é flagrante, e ainda mais grave, a omissão do Estado, que não disponibiliza o número necessário de estabelecimentos e vagas para o cumprimento da **medida de segurança de internação**, a se verificar em hospital de custódia e tratamento psiquiátrico. O que se vê na prática são executados reconhecidos por decisão judicial como inimputáveis, que permanecem indefinidamente no regime fechado, confinados em penitenciárias e até em cadeias públicas, aguardando vaga para a transferência ao hospital. De tal sorte, desvirtua-se por inteiro a finalidade da medida de segurança.

O art. 100 da LEP determina que "o exame psiquiátrico e os demais exames necessários ao tratamento são obrigatórios para todos os internados" (Brasil, 1984). Contudo, é comum, infelizmente, que haja atrasos nos exames. Ainda, nos termos do art. 101 da LEP, "o tratamento ambulatorial, previsto no artigo 97, segunda parte, do Código Penal", deve ser "realizado em Hospital de Custódia e Tratamento Psiquiátrico ou em outro local com dependência médica adequada" (Brasil, 1984).

Por fim, frisamos que, no caso de suceder deficiência mental durante o cumprimento da pena privativa de liberdade, caberá o internamento do paciente-réu no Hospital de Custódia e Tratamento Psiquiátrico, nos termos do art. 108 da LEP.

— 3.9.6 —
Cadeia pública

"A cadeia pública destina-se ao recolhimento de presos provisórios" (art. 102, LEP), que, de acordo com o Código de Processo Penal (CPP) – Decreto-Lei n. 3.689, de 3 de outubro de 1941 – são: os autuados em flagrante delito; o preso preventivamente; o pronunciado para o julgamento perante o Tribunal do Júri; o condenado por sentença recorrível; e o preso submetido à prisão temporária.

As cadeias públicas foram destinadas, portanto, ao recolhimento de presos provisórios, ou seja, daqueles que não tenham contra si nenhuma sentença penal condenatória transitada em julgado (que estão detidos por força de prisão cautelar).

Para Mirabete (2007, p. 236):

> A separação instituída com a destinação à Cadeia Pública é necessária, pois a finalidade da prisão provisória é apenas a custódia daquele a quem se imputa a prática do crime a fim de que fique à disposição da autoridade judicial durante o inquérito ou a ação penal e não para o cumprimento da pena, que não foi imposta ou que não é definitiva. Como a execução penal somente pode ser iniciada após o trânsito em julgado da sentença, a prisão provisória não deve ter outras limitações se não as determinadas pela necessidade da custódia e pela segurança e ordem dos estabelecimentos.

É importante ressaltar que a LEP exigiu que em cada comarca exista pelo menos uma cadeia, justamente para propiciar ao preso maior aproximação da família e do processo criminal a que o acusado está respondendo:

> Art. 103. Cada comarca terá, pelo menos 1 (uma) cadeia pública a fim de resguardar o interesse da Administração da Justiça Criminal e a permanência do preso em local próximo ao seu meio social e familiar. (Brasil, 1984)

Nesse sentido, Kuehne (2019, p. 205) elucida:

> É necessário, com urgência, resgatar a antiga função da cadeia pública, hoje destinada a receber os presos em caráter provisório (art. 102, da Lei de Execução), quando poderia ser preparada para custodiar também os condenados. A maioria deles não precisa ser levada a grandes presídios. Criminosos ocasionais, melhor que permaneçam na própria Comarca, onde conservam, apesar do crime, vínculos de afeição, importantes à dura travessia para o regime de liberdade.

Por fim, as cadeias devem ser construídas próximas aos centros urbanos, para facilitar o livre acesso dos familiares do preso ao local de custódia, devendo obedecer às exigências do art. 88 da LEP, já vistas anteriormente.

Capítulo 4

Execução das penas em espécie

O sentenciado, durante o cumprimento de sua pena até seu retorno à sociedade, perpassa por regras, órgãos e profissionais do sistema penitenciário. Nesse mesmo período, porém, podem ocorrer os chamados *incidentes de execução*, consistentes nas conversões, no excesso ou desvio, na anistia, no indulto e na comutação. Portanto, a execução da pena não é estática; ela pode ser alterada por ações causadas pelo próprio preso, em seu benefício ou não, como as faltas graves cometidas durante a execução da pena, que acabam retardando os benefícios a que ele tem direito. Somem-se a isso novas possibilidades, como é o caso da monitoração eletrônica, da transferência de presos e do tratamento especial relacionado às mulheres presas. Por esses motivos, a execução da pena em espécie é um dos temas mais relevantes descritos pela Lei de Execução Penal (LEP) – Lei n. 7.210, de 11 de julho de 1984 (Brasil, 1984) –, pois é o momento em que a sentença criminal concretiza-se e a pena estipulada pelo juiz começa a ser cumprida, iniciando-se, aí, um novo momento na vida do sentenciado.

É o período em que são possibilitados os benefícios a que o preso tem direito, como progressão de regime, livramento condicional, remição de pena por trabalho e estudo, autorizações de saída e, entre outros, a execução das penas em espécie.

A Constituição Federal (CF) de 1988 prevê a regulação das penas pela lei, obedecendo ao princípio da individualização, nos seguintes termos:

> Art. 5º [...]
>
> XLVI – a lei regulará a individualização da pena e adotará, entre outras, as seguintes:
>
> a) privação ou restrição da liberdade;
>
> b) perda de bens;
>
> c) multa;
>
> d) prestação social alternativa;
>
> e) suspensão ou interdição de direitos. (Brasil, 1988)

O Código Penal brasileiro – Decreto-Lei n. 2.848, de 7 de dezembro de 1940 (Brasil, 1984) – descreve, em seu art. 32, as espécies de pena, quais sejam: privativas de liberdade; restritivas de direitos; e multa.

A individualização da pena é imprescindível (art. 5º, XLVI, CF) para que se possa avançar para a outra etapa, que é a materialização do teor da sentença. Nos dizeres de Mirabete (2007, p. 289), a "execução penal, em sentido amplo, é a concretização do mandamento contido na sentença criminal, ou seja, o conjunto dos atos judiciais ou administrativos por meio dos quais se faz efetiva a sentença".

A sentença condenatória é disciplinada nos arts. 105 a 170 da LEP. Para Mesquita Júnior (2007, p. 204), a pena privativa de liberdade "surgiu para substituir a pena de morte, a qual tornou tão dura que, às vezes, se constitui em pena mais atroz e cruel que a pena capital".

Cumpre esclarecer que nem sempre a pena será executada com a privação de liberdade do sentenciado. Há os casos de sentença absolutória imprópria, que têm previsão nos arts. 171 a 179 da LEP. Ainda, temos as denominadas *sentenças de mérito*, que se referem à anistia e ao indulto e estão descritas nos arts. 187 a 193 da LEP.

Ressaltamos que a sentença absolutória continua sendo tratada pelos arts. 669, inciso II, e 670 do Código de Processo Penal (CPP) – Decreto-Lei n. 3.689, de 3 de outubro de 1941 (Brasil, 1941). Passemos doravante ao estudo da execução das penas em espécie.

— 4.1 —

Penas privativas de liberdade

Pena privativa de liberdade é o cerceamento da liberdade do indivíduo que foi condenado. As espécies das penas privativas de liberdade são: reclusão, detenção e prisão simples (para as contravenções penais). A pena de reclusão deve ser cumprida em regime fechado, semiaberto ou aberto, e a de detenção, em regime semiaberto ou aberto, salvo necessidade de transferência a regime fechado, conforme disposição do art. 33 do Código Penal, que veremos a seguir.

No caso do regime fechado, a pena será cumprida em estabelecimento de segurança máxima ou média; já no semiaberto, a pena será executada em Colônia Agrícola, Industrial ou estabelecimento similar; e no aberto, a pena será executada, em tese, na Casa do Albergado ou em estabelecimento adequado.

Nos termos do art. 68 do Código Penal: "A pena-base será fixada atendendo-se ao critério do art. 59 deste Código; em seguida, serão consideradas as circunstâncias atenuantes e agravantes; por último, as causas de diminuição e de aumento" (Brasil, 1940).

Assim, com base no art. 68 do Código Penal, Avena (2019, p. 174) descreve o método trifásico:

> Tem-se, aqui, o chamado método trifásico, que determina ao magistrado a observância de três etapas distintas até chegar à quantificação final:
>
> 1ª etapa: fixação da pena-base, levando-se em conta as circunstâncias judiciais do art. 59 do Código Penal.
>
> 2ª etapa: fixação da pena provisória, considerando-se as circunstâncias agravantes e atenuantes.
>
> 3ª etapa: fixação da pena definitiva, utilizando-se as causas de aumento e de diminuição de pena.

Na pena privativa de liberdade, para calcular a pena-base, o magistrado deve considerar as circunstâncias judiciais previstas no art. 59 do Código Penal, que consistem no seguinte: culpabilidade, antecedentes, conduta social, personalidade do agente, motivos, circunstâncias e consequências do crime e comportamento da vítima (Nucci, 2007).

Na segunda etapa da pena provisória, incidem as agravantes e as atenuantes (arts. 61 a 67 do CP). Conforme Avena (2019, p. 176), "somente podem ser consideradas agravantes as circunstâncias que a lei expressamente prever como tais. O rol, portanto, é taxativo, correspondendo à enumeração dos arts. 61 e 62 do Código Penal". E, ainda, quanto às agravantes, importante ressaltar que a legislação especial poderá estabelecer outras a depender dos tipos penais estabelecidos.

No que se refere às atenuantes, estas estão descritas, a título exemplificativo, no art. 65 do Código Penal brasileiro. Todavia, de acordo com o art. 66 desse Código, nada obsta que o magistrado reconheça em favor do réu "circunstância relevante, anterior ou posterior ao crime, embora não prevista expressamente em lei" (Brasil, 1940), que acarrete a modificação da pena do sentenciado.

Por fim, na última etapa, da pena definitiva, deverão ser consideradas as majorantes, ou causas de aumento de pena, e as minorantes, ou causas de diminuição de pena.

"A execução provisória da pena privativa de liberdade ocorre na hipótese de prisão do indivíduo já sentenciado, porém antes do trânsito em julgado da sentença condenatória" (Avena, 2019, p. 184).

Quanto à execução, é necessário ressaltar o que dispõe o art. 105 da LEP: "Transitando em julgado a sentença que aplicar pena privativa de liberdade, se o réu estiver ou vier a ser preso, o Juiz ordenará a expedição de guia de recolhimento para a execução" (Brasil, 1984).

De acordo com o art. 106 da LEP, a guia deverá conter as seguintes peças e informações:

> I – o nome do condenado;

> II – a sua qualificação civil e o número do registro geral no órgão oficial de identificação;
>
> III – o inteiro teor da denúncia e da sentença condenatória, bem como certidão do trânsito em julgado;
>
> IV – a informação sobre os antecedentes e o grau de instrução;
>
> V – a data da terminação da pena;
>
> VI – outras peças do processo reputadas indispensáveis ao adequado tratamento penitenciário.
>
> § 1º Ao Ministério Público se dará ciência da guia de recolhimento.
>
> § 2º A guia de recolhimento será retificada sempre que sobrevier modificação quanto ao início da execução ou ao tempo de duração da pena. (Brasil, 1984)

É notória a relevância da expedição da guia de recolhimento, tendo o legislador reiterado sua imprescindibilidade no art. 107 da LEP:

> Art. 107. Ninguém será recolhido, para cumprimento de pena privativa de liberdade, sem a guia expedida pela autoridade judiciária.
>
> § 1º A autoridade administrativa incumbida da execução passará recibo da guia de recolhimento para juntá-la aos autos do processo, e dará ciência dos seus termos ao condenado.
>
> § 2º As guias de recolhimento serão registradas em livro especial, segundo a ordem cronológica do recebimento, e anexadas ao prontuário do condenado, aditando-se, no curso da

execução, o cálculo das remições e de outras retificações posteriores. (Brasil, 1984)

Já art. 1º da Resolução n. 113, de 20 de abril de 2010, do Conselho Nacional de Justiça (CNJ) estipula que a guia deve inserir, ainda:

> I – qualificação completa do executado;
>
> II – interrogatório do executado na polícia e em juízo;
>
> III – cópias da denúncia;
>
> IV – cópia da sentença, voto(s) e acórdão(s) e respectivos termos de publicação;
>
> V – informação sobre os endereços em que possa ser localizado, antecedentes criminais e grau de instrução;
>
> VI – instrumentos de mandato, substabelecimentos, despachos de nomeação de defensores dativos ou de intimação da Defensoria Pública;
>
> VII – certidões de trânsito em julgado da condenação para a acusação e para a defesa;
>
> VIII – cópia do mandado de prisão temporária e/ou preventiva, com a respectiva certidão da data do cumprimento, bem como com a cópia de eventual alvará de soltura, também com a certidão da data do cumprimento da ordem de soltura, para cômputo da detração;
>
> IX – nome e o endereço do curador, se houver;
>
> X – informações acerca do estabelecimento prisional em que o condenado encontra-se recolhido;

> XI – cópias da decisão de pronúncia e da certidão de preclusão em se tratando de condenação em crime doloso contra a vida;
>
> XII – certidão carcerária;
>
> XIII – cópias de outras peças do processo reputadas indispensáveis à adequada execução da pena. (CNJ, 2010)

Conforme os arts. 108 e 109 da LEP, respectivamente, o "condenado a quem sobrevier deficiência mental será internado em Hospital de Custódia e Tratamento Psiquiátrico" e, uma vez "cumprida ou extinta a pena, o condenado será posto em liberdade, mediante alvará do Juiz, se por outro motivo não estiver preso" (Brasil, 1984).

— 4.1.1 — Regimes de cumprimento de pena privativa de liberdade

Nos termos do art. 110 da LEP, o juiz "estabelecerá o regime no qual o condenado iniciará o cumprimento da pena privativa de liberdade", observando, para tanto, "o disposto no artigo 33 e seus parágrafos do Código Penal" (Brasil, 1984).

Sobre o tema, Mirabete (2007, p. 324) esclarece que,

> condenado o agente, o juiz, atendendo a tais dispositivos, que dizem respeito à natureza e a quantidade da pena, bem como à reincidência, estabelece o regime inicial de cumprimento da pena privativa de liberdade que, em algumas hipóteses,

é obrigatório, e, em outras, depende do critério do juiz frente às circunstâncias judiciais previstas para a fixação da pena base (art.59 do CP).

Pode ocorrer, durante o cumprimento da pena, superveniência de deficiência mental, assim como o tempo de prisão ser completamente cumprido sem nenhum incidente pelo condenado. Vejamos, a seguir, as peculiaridades da progressão e da regressão de regime.

a. **Progressão de regime – art. 112 da LEP e art. 33 do Código Penal (com as alterações da Lei n. 13.769/2018 e da Lei n. 13.964/2019)**

A *progressão*, como o próprio nome diz, significa que o sentenciado poderá progredir, ou seja, galgar regime menos gravoso em busca da preparação para seu retorno ao convívio social. Desse modo, considerados cumpridos os requisitos legais estabelecidos consistentes em tempo de pena cumprido e bom comportamento carcerário, resta claro o caminho a ser trilhado em busca da liberdade. No Brasil, conforme consta na Súmula n. 491, de 8 de agosto de 2012, do Superior Tribunal de Justiça (STJ, 2012): "É inadmissível a chamada progressão *per saltum* de regime prisional". O requisito objetivo é o cumprimento de parte da pena, que pode variar, nos termos do art. 112 da LEP, do mínimo de 16% até 50% da pena cumprida, a depender do tipo de delito cometido, bem como da primariedade ou da reincidência.

Por sua vez, o requisito subjetivo consiste na boa conduta carcerária, comprovada pelo diretor do estabelecimento.

O apenado adquire direito à progressão de regime quando preenche o requisito temporal da pena, independentemente de quando ingressou no sistema penitenciário. Isso deve ser considerado, pois há casos em que o preso cumpre boa parte de sua pena em delegacias. Sobre a progressão de regime, encontramos amparo em algumas súmulas do Poder Judiciário. As Súmulas n. 715, n. 716 e n. 717 do Supremo Tribunal Federal (STF) assim preceituam:

> Súmula 715 – A pena unificada para atender ao limite de trinta anos de cumprimento, determinado pelo art. 75 do Código Penal, não é considerada para a concessão de outros benefícios, como o livramento condicional ou regime mais favorável de execução. (STF, 2003b)
>
> Súmula 716 – Admite-se a progressão de regime de cumprimento da pena ou a aplicação imediata de regime menos severo nela determinada, antes do trânsito em julgado da sentença penal condenatória. (STF, 2003c)
>
> Súmula 717 – Não impede a progressão de regime de execução da pena, fixada em sentença não transitada em julgado, o fato de o réu se encontrar em prisão especial. (STF, 2003d)

No que se refere às discussões sobre a unificação das penas, assim posicionou-se o Ministro Luiz Fux no RHC n. 103.551:

> Filio-me à corrente que não considera a unificação das penas em 30 anos para a concessão de benefícios, mantendo o entendimento consolidado na Súmula 715 desta Corte. Outra interpretação conduziria a um tratamento igual para situações desiguais, colocando no mesmo patamar pessoas condenadas a 30 anos e a cem ou mais anos de reclusão, por exemplo. Não haveria aí distribuição de justiça, expressada em dar a cada um o que merece. (STF, 2003b)

Feitas essas referências, não podemos prosseguir sem antes fazer uma ressalva referente à Súmula n. 715 do STF: não se trata mais de 30, e sim de 40 anos o tempo máximo de cumprimento de pena ininterrupta, conforme alteração trazida pela Lei n. 13.964/2019, com a seguinte redação:

> Art. 75. O tempo de cumprimento das penas privativas de liberdade não pode ser superior a 40 (quarenta) anos. § 1º Quando o agente for condenado a penas privativas de liberdade cuja soma seja superior a 40 (quarenta) anos, devem elas ser unificadas para atender ao limite máximo deste artigo. (Brasil, 2019c)

No entanto, apesar de ter aumentado o tempo de cumprimento de pena privativa de liberdade, os argumentos relativos aos posicionamentos citados mantêm-se, apenas com a alteração do lapso temporal.

b. Progressão de regime em crime hediondo (Lei n. 11.464/2007, Lei n. 13.769/2018 e Lei n. 13.964/2019)

A respeito da progressão de regime em casos de crime hediondo, a lei traz a necessidade do cumprimento de 2/5 (40%) da pena se o apenado for primário, e de 3/5 (60%) da pena se reincidente, observada a LEP, art. 112 e incisos, com suas modificações.

Sobre as alterações trazidas quanto à progressão de regime, a Lei n. 13.769, de 19 de dezembro de 2018 (Brasil, 2018), foi editada com o propósito de alterar tanto a LEP quanto a Lei dos Crimes Hediondos (Lei n. 8.072/1990), estabelecendo um olhar diferenciado para a presa mulher no que concerne ao seu papel de mãe e responsável por crianças ou pessoas com deficiência. Por sua vez, a Lei n. 13.964/2019 veio no intuito de aperfeiçoar a legislação penal, processual penal e de execução, trazendo alterações em vários dispositivos, entre os quais a progressão de regime, que passa a possibilitar sua concessão após o cumprimento de percentuais diversos.

Em especial, tratando-se de progressão de regime em crime hediondo para condenado primário, vejamos a decisão do Tribunal de Justiça do Estado do Paraná:

> RECURSO DE AGRAVO EM EXECUÇÃO – ESTUPRO DE VULNERÁVEL – CRIME HEDIONDO – PROGRESSÃO DE REGIME-FRAÇÃO DE 2/5 (DOIS QUINTOS) PARA O CONDENADO PRIMÁRIO – DECISÃO MANTIDA – RECURSO NÃO PROVIDO. A transferência de regime para os condenados primários por

> delito hediondo ou equiparado, dar-se-á após o resgate de 2/5 (dois quintos) da pena, nos termos do § 2º, do art. 2º, da Lei nº 8.072/1990, chancelada agora pelo art. 112, inciso V, da Lei de Execução Penal, alterada pela Lei nº 13.964/2019.Recurso conhecido e não provido. (TJPR. 5ª Câmara Criminal; Acórdão n. 0000300-16.2020.8.16.0009; Rel. Desembargador Jorge Wagih Massad; julgado em 12/03/2020)

E mais, quanto à mulher, previu a Lei n. 13.769/2018 condições específicas para a progressão, as quais foram enrijecidas por lei posterior. Nesse caso, vejamos a decisão do mesmo tribunal quanto à irretroatividade de lei menos benéfica:

> RECURSO DE AGRAVO. EXECUÇÃO PENAL. DECISÃO QUE INDEFERIU A PROGRESSÃO ESPECIAL DE REGIME À APENADA. INSURGÊNCIA DA DEFESA. APLICAÇÃO § 3º DO ART. 112 DA LEP ÀS CONDENAÇÕES POR DELITOS HEDIONDOS OU EQUIPARADOS. POSSIBILIDADE. EXEGESE DO § 2º DO ART. 2º DA LEI DE CRIMES HEDIONDOS, COM REDAÇÃO DADA PELA LEI 13.769/2018. REVOGAÇÃO DO DISPOSITIVO POR LEI POSTERIOR MAIS RÍGIDA. ULTRATIVIDADE DA LEI MAIS BENÉFICA. PREENCHIMENTO DE TODOS OS REQUISITOS CUMULATIVOS. PROGRESSÃO ESPECIAL CONCEDIDA. RECURSO PROVIDO. I-A previsão legal que abrandou o requisito objetivo para as apenadas que se enquadram nas situações previstas nos incisos do § 3º do art. 112 da LEP, com o advento da Lei nº 13.769/2018, que alterou o § 2º do artigo 2º da Lei de 8.072/1990, aplica-se tanto à execução de pena referente à condenação por crime comum, quanto à execução de pena

> referente à condenação por crime hediondo ou equiparado. II– Embora a previsão do 2º, § 2º da Lei 8072/90, tenha sido revogado pela Lei nº 13.964/2019, que alterou o artigo 112 da Lei de Execução Penal, para o fim de enrijecer os prazos para progressão de regimes, a novel legislação não tem aplicação retroativa para prejudicar a reeducanda, devendo prevalecer o dispositivo mais benéfico que, no presente caso, permitia a progressão de regime especial, para a apenada, ante o preenchimento integral de seus requisitos. (TJPR. 4ª Câmara Criminal; Acórdão n. 0000002-24.2020.8.16.0009; Rel. Desembargador Celso Jair Mainardi; julgado em 23/03/2020)

A LEP foi alterada pela Lei n. 13.769/2018 para a inclusão de dispositivos que tratam das mulheres. Quanto à progressão de regime, o art. 112, parágrafo 3º, específica, para a concessão da progressão para as mulheres, os seguintes requisitos:

> I – não ter cometido crime com violência ou grave ameaça a pessoa;
>
> II – não ter cometido o crime contra seu filho ou dependente;
>
> III – cumprido ao menos 1/8 (um oitavo) da pena no regime anterior;
>
> IV – ser primária e ter bom comportamento carcerário;
>
> V – não ter integrado organização criminosa. (Brasil, 1984)

Por outro lado, não deixou o legislador de constar a punição para o caso de cometimento de nova infração: "§ 4º O cometimento de novo crime doloso ou falta grave implicará a revogação do benefício previsto no § 3º deste artigo" (Brasil, 1984).

Diante de tais decisões, cumpre salientar que cada caso deverá ser analisado de acordo com suas peculiaridades, observada a LEP, bem como as legislações extravagantes que tratam especificamente da matéria. No último julgado citado, estamos diante de caso de progressão de regime para condenada do sexo feminino, que teve regime específico estipulado pela Lei n. 13.769/2018, considerando casos que envolvem "mulher gestante ou que for mãe ou responsável por criança ou pessoas com deficiência" (Brasil, 1984).

c. **Progressão de regime e delação premiada (Lei n. 12.850/2013 e Lei n. 13.964/2019)**

Muito se fala em delação e colaboração premiada. A delação é uma espécie do gênero *colaboração premiada*, que consiste na cooperação do acusado ou investigado no sentido de incriminar a prática de infrações penais por seus eventuais comparsas. No caso da delação premiada, conforme o parágrafo 5º do art. 4º da Lei. n. 12.850/2013, ocorrendo a colaboração "posterior à sentença, a pena poderá ser reduzida até a metade ou será admitida a progressão de regime ainda que ausentes os requisitos objetivos" (Brasil, 2013). Nessa modalidade, os benefícios oriundos são os descritos na legislação, os quais consistem no perdão judicial, na redução da pena privativa de liberdade em até 2/3 (dois terços), ou em sua substituição por restritiva de direitos, além do não oferecimento de denúncia e da possibilidade de regime do cumprimento da pena (art. 4º, Lei n. 12.850/2013).

d. **Regressão de regime (art. 118, LEP)**

O art. 118 da LEP prevê que a "execução da pena privativa de liberdade ficará sujeita à forma regressiva" (Brasil, 1984) quando o condenado praticar crime doloso ou falta grave e sofrer condenação cuja pena somada à anterior torne incompatível o regime. Ao passo que a progressão traz benefícios ao preso, fazendo com que este prossiga sua caminhada no âmbito da execução penal para o cumprimento da pena, a regressão, ao contrário, provoca atrasos na vida do condenado. A regressão poderá ocorrer do regime aberto ou semiaberto para o mais rigoroso, nos casos de prática de fato definido como crime doloso ou falta grave, ou, ainda, em caso de condenação por crime anterior que torne incabível o regime (art. 118, I, II, §§ 1º e 2º, LEP). No caso de regressão de regime, o condenado deve ser ouvido previamente. Nesse sentido, Mesquita Júnior (2007, p. 259) elucida:

> Ao tornar obrigatória a oitiva do condenado, quando tratar-se de fato definido como crime doloso, a norma criou uma distinção entre fato definido como crime doloso e crime, visto que a constatação daquele independe de condenação, mas só podemos dizer que ocorreu crime depois que houver o trânsito em julgado da sentença condenatória, ou que aplicar medida de segurança.

Ainda que o condenado tenha praticado crime, a decisão administrativa para fins de aplicação da sanção disciplinar independe da decisão proferida no processo criminal. Nessa hipótese, o preso, submetido ao processo disciplinar, ainda que tenha direito ao contraditório e à ampla defesa, poderá ser regredido de regime, independentemente de ter sido julgado definitivamente.

— 4.1.2 —
Autorizações de saída

Ao ingressar no sistema penitenciário, não necessariamente o preso deverá permanecer integralmente até o final do cumprimento de sua pena, sem ao menos sequer de lá sair por alguma razão. Ao contrário, o legislador previu algumas hipóteses que denominou, de forma genérica, *autorização de saída*, das quais emergem a permissão de saída e a saída temporária.

a. Permissão de saída

Vejamos, a seguir, as situações em que é possível a permissão de saída nos termos do art. 120 da LEP:

> Art. 120. Os condenados que cumprem pena em regime fechado ou semiaberto e os presos provisórios poderão obter permissão para sair do estabelecimento, mediante escolta, quando ocorrer um dos seguintes fatos:
>
> I – falecimento ou doença grave do cônjuge, companheira, ascendente, descendente ou irmão;

> II – necessidade de tratamento médico (parágrafo único do artigo 14).
>
> Parágrafo único. A permissão de saída será concedida pelo diretor do estabelecimento onde se encontra o preso. (Brasil, 1984)

Conforme Avena (2019, p. 240), "O benefício destina-se aos condenados que cumprem pena em regime fechado ou semiaberto, bem como aos presos provisórios, assim considerados aqueles em relação aos quais ainda não há sentença condenatória transitada em julgado".

Não é prevista sua concessão para os presos do regime aberto, visto que, em tese, são recolhidos em Casa do Albergado apenas no período noturno e nos dias de folga.

Se o executado estiver no regime aberto, o acometimento de doença grave pode ensejar prisão domiciliar, conforme se infere do art. 117, inciso II, da LEP.

b. Saída temporária

Do mesmo modo, o legislador previu a possibilidade da saída temporária nos moldes do que estabelece o art. 122 da LEP:

> Art. 122. Os condenados que cumprem pena em regime semi-aberto poderão obter autorização para saída temporária do estabelecimento, sem vigilância direta, nos seguintes casos:
>
> I – visita à família;
>
> II – frequência a curso supletivo profissionalizante, bem como de instrução do 2º grau ou superior, na Comarca do Juízo da Execução;

> III – participação em atividades que concorram para o retorno ao convívio social.
>
> § 1º A ausência de vigilância direta não impede a utilização de equipamento de monitoração eletrônica pelo condenado, quando assim determinar o juiz da execução.
>
> § 2º Não terá direito à saída temporária a que se refere o *caput* deste artigo o condenado que cumpre pena por praticar crime hediondo com resultado morte. (Brasil,1984)

A saída temporária requer mais diligência do que a permissão de saída. Ao passo que esta compete ao diretor do estabelecimento prisional, aquela é de cunho jurisdicional e deve ser dada pelo juiz da execução, ouvidos o Ministério Público e a administração penitenciária, somando-se ao preenchimento dos requisitos dispostos na Figura 4.1, nos termos da previsão constante no art. 123 da LEP.

Figura 4.1 – Requisitos para saída temporária

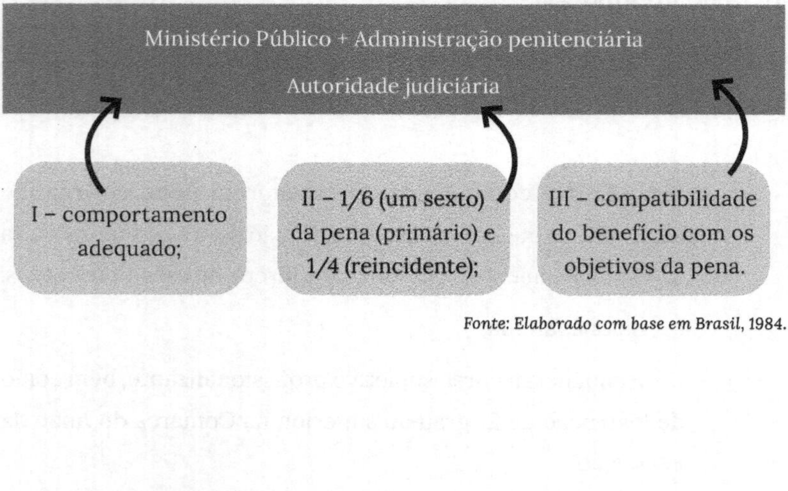

Fonte: Elaborado com base em Brasil, 1984.

— 4.1.3 —
Remição

Por meio dos dias trabalhados e/ou da frequência às aulas nos presídios, os detentos podem obter a remição de dias da pena, ou seja, o cumprimento da pena que foi determinada em sentença penal condenatória é antecipado. Dessa forma, o instituto da remição visa estimular a educação e a profissionalização dos detentos.

Sabemos que o sistema carcerário brasileiro até hoje não conseguiu oferecer trabalho e estudo para todos os presos, violando assim um dos direitos estabelecidos pela LEP. No entanto, naquelas unidades penais onde é possível a oferta dessa ocupação física e mental, como direito previsto na legislação, certamente o clima é outro, pois os presos, além de manter suas mentes ocupadas, têm a seu favor o benefício da redução dos dias de pena. A remição é um importante instituto e, nesse sentido, o Conselho Nacional de Política Criminal e Penitenciária (CNPCP) aprovou parecer com a seguinte diretriz "o tempo remido pelo trabalho seja abatido do total da pena a cumprir e que a resultante sirva de base de cálculo para os benefícios do livramento condicional, indulto e progressão de regime" (Ata da reunião publicada no DOU de 02/12/1994 p. 18.352).

A remição é um direito concedido ao preso para reduzir o tempo da pena a ser cumprida por intermédio de uma atividade laboral ou educacional. É uma forma de resgate da sanção imposta pelo Judiciário. O beneficiado da remição é o condenado que cumpre a pena em regime fechado ou semiaberto nos termos do art. 126 da LEP.

A LEP, em sua redação original, previu apenas a remição pelo trabalho para os presos que estivessem cumprindo pena em regimes fechado e semiaberto. Apenas em 2011, a Lei n. 12.433 previu a remição pelo estudo, embora a Súmula n. 341, de 27 de junho de 2007, do STJ (2007) já tratasse da matéria antes mesmo da aprovação da nova lei. Atualmente, a LEP autoriza a remição pelo trabalho (para condenados e provisórios) que estejam cumprindo pena em regimes fechado e aberto. Contudo, a remição pelo estudo é possível para todos os provisórios e condenados em qualquer regime prisional e, ainda, para aqueles que estejam em livramento condicional.

a. **Remição de pena por trabalho**

O trabalho do preso está regulamentado nos arts. 28 a 37 da LEP.

Nos termos do art. 126 da LEP: "O condenado que cumpre a pena em regime fechado ou semiaberto poderá remir, por trabalho ou por estudo, parte do tempo de execução da pena" (Brasil, 1984). O desconto é efetuado na proporção de 1 dia de pena a cada 3 dias de trabalho.

Para fins de remição de pena, devem ser considerados os dias efetivamente trabalhados, excluindo-se, assim, os dias de descanso obrigatório, ou seja, domingos e feriados (art. 33, *caput*, LEP). Conforme o art. 33, parágrafo único da LEP, em caso de horário especial de trabalho, imposto ao preso nos "serviços de conservação e manutenção do estabelecimento penal" (Brasil, 1984), o descanso pode recair em outro dia da semana. Ainda, no parágrafo 3º do art. 126 consta que: "Para fins de cumulação dos casos de remição, as horas diárias de trabalho e de estudo serão definidas de forma a se compatibilizarem" (Brasil, 1984).

b. Remição de pena por estudo e leitura

De acordo com o art. 126 da LEP, o preso tem direito à remição pelo estudo, na proporção de 1 dia de pena a cada 12 horas de frequência escolar, divididas em, no mínimo, 3 dias em atividade de ensinos fundamental, médio, inclusive profissionalizante, ou superior, ou, ainda, de requalificação profissional. Assim, o limite máximo para o estudo do preso é de 4 horas diárias, podendo ser aliado ao trabalho.

Para remir a pena por meio do estudo, o preso pode ter aulas presenciais ou a distância, mas, independentemente da modalidade de ensino, é preciso que os cursos oferecidos tenham certificação dos órgãos competentes. Se o preso concluir o ensino fundamental, médio ou superior durante o período em que estiver cumprindo a pena, a lei prevê o benefício de acréscimo de 1/3 às horas de estudo finalizadas como tempo de remição.

Nos termos do art. 129 da LEP:

> A autoridade administrativa encaminhará mensalmente ao juízo da execução cópia do registro de todos os condenados que estejam trabalhando ou estudando, com informação dos dias de trabalho ou das horas de frequência escolar ou de atividades de ensino de cada um deles. (Brasil, 1984)

Ainda, o "condenado autorizado a estudar fora do estabelecimento penal deve comprovar mensalmente, por meio de declaração da respectiva unidade de ensino, a frequência e o aproveitamento escolar" (Brasil, 1984), da mesma forma que deve ser dada ao condenado a relação de seus dias remidos.

Figura 4.2 – Proporção e contagem do tempo para fins de remição

Fonte: Elaborado com base em Brasil, 1984.

Esquematicamente, o art. 126 da LEP descreve, nos demais parágrafos, algumas normas relevantes para a remição de pena:

> § 2º As atividades de estudo a que se refere o § 1º deste artigo poderão ser desenvolvidas de forma presencial ou por metodologia de ensino a distância e deverão ser certificadas pelas autoridades educacionais competentes dos cursos frequentados.
>
> § 3º Para fins de cumulação dos casos de remição, as horas diárias de trabalho e de estudo serão definidas de forma a se compatibilizarem.

§ 4º O preso impossibilitado, por acidente, de prosseguir no trabalho ou nos estudos continuará a beneficiar-se com a remição.

§ 5º O tempo a remir em função das horas de estudo será acrescido de 1/3 (um terço) no caso de conclusão do ensino fundamental, médio ou superior durante o cumprimento da pena, desde que certificada pelo órgão competente do sistema de educação.

§ 6º O condenado que cumpre pena em regime aberto ou semiaberto e o que usufrui liberdade condicional poderão remir, pela frequência a curso de ensino regular ou de educação profissional, parte do tempo de execução da pena ou do período de prova, observado o disposto no inciso I do § 1º deste artigo.

§ 7º O disposto neste artigo aplica-se às hipóteses de prisão cautelar.

§ 8º A remição será declarada pelo juiz da execução, ouvidos o Ministério Público e a defesa. (Brasil, 1984)

Por fim, quanto ao tempo remido, a LEP determina o seguinte:

Art. 127. Em caso de falta grave, o juiz poderá revogar até 1/3 (um terço) do tempo remido, observado o disposto no art. 57, recomeçando a contagem a partir da data da infração disciplinar.

Art. 128. O tempo remido será computado como pena cumprida, para todos os efeitos.

Figura 4.3 – Remição por trabalho e por estudo

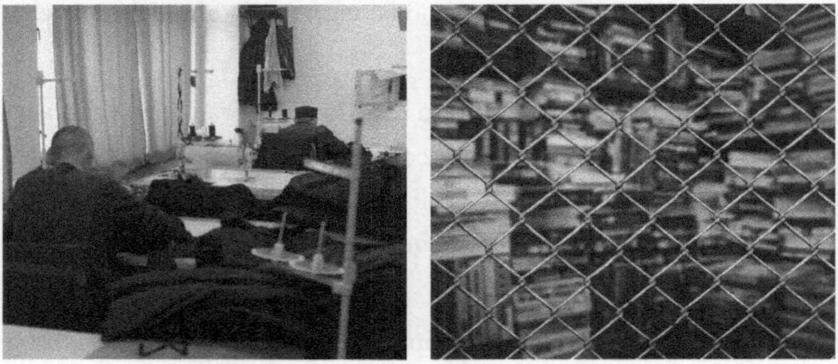

withGod e M Stocker/Shutterstock

A Lei n. 12.433/2011 alterou o art. 127 da LEP para contemplar casos de revogação parcial da remição de pena em caso de falta grave.

A contagem dos dias remidos será considerada para fins dos benefícios de progressão de regime e livramento condicional, bem como de indulto e comutação de pena.

Outro tipo de remição que tem sido praticada e concedida com base em leis estaduais e regulamentação do CNJ é a remição pela leitura. A Recomendação n. 44 do CNJ, de 26 de novembro de 2013, que regulamentou a remição pela leitura estipula que, a cada "12 obras efetivamente lidas e avaliadas", poderão ser remidos "48 (quarenta e oito) dias, no prazo de 12 (doze) meses, de acordo com a capacidade gerencial da unidade prisional" (CNJ, 2013).

— 4.1.4 —
Livramento condicional

Nos termos do art. 131 da LEP, o livramento condicional é um benefício de liberdade que "poderá ser concedido pelo Juiz da execução, presentes os requisitos do art. 83, incisos e parágrafo único, do Código Penal", observando-se as alterações inseridas pela Lei n. 13.964/2019, em especial quanto ao bom comportamento e ao não cometimento de falta grave nos últimos 12 meses, "ouvidos o Ministério Público e Conselho Penitenciário" (Brasil, 1984).

Assim, conforme explica Nucci (2008, p. 519),

> trata-se de um instituto de política criminal destinado a permitir a redução do tempo de prisão com a concessão antecipada e provisória da liberdade ao condenado, quando é cumprida pena privativa de liberdade, mediante o preenchimento de determinados requisitos e a aceitação de certas condições.

Quanto aos requisitos, prevê o art. 83 do Código Penal:

> Art. 83. O juiz poderá conceder livramento condicional ao condenado a pena privativa de liberdade igual ou superior a 2 (dois) anos, desde que:
>
> I – cumprida mais de um terço da pena se o condenado não for reincidente em crime doloso e tiver bons antecedentes;
>
> II – cumprida mais da metade se o condenado for reincidente em crime doloso;

III – comprovado:

a) bom comportamento durante a execução da pena;

b) não cometimento de falta grave nos últimos 12 (doze) meses;

c) bom desempenho no trabalho que lhe foi atribuído; e

d) aptidão para prover a própria subsistência mediante trabalho honesto;

IV – tenha reparado, salvo efetiva impossibilidade de fazê-lo, o dano causado pela infração;

V – cumpridos mais de dois terços da pena, nos casos de condenação por crime hediondo, prática de tortura, tráfico ilícito de entorpecentes e drogas afins, tráfico de pessoas e terrorismo, se o apenado não for reincidente específico em crimes dessa natureza.

Parágrafo único. Para o condenado por crime doloso, cometido com violência ou grave ameaça à pessoa, a concessão do livramento ficará também subordinada à constatação de condições pessoais que façam presumir que o liberado não voltará a delinquir. (Brasil, 1940)

Por fim, alertamos para as alterações do art. 112, inciso VI, alínea “a”, e inciso VIII, da LEP, que vedaram o livramento condicional para os condenados por crime hediondo ou equiparado que resulte em morte, permitindo apenas a progressão de regime se o réu for primário com 50% de cumprimento da pena e, se reincidente, com 70% da pena cumprida. Verificamos, portanto, que o livramento condicional consiste na soltura antecipada do condenado, condicionada ao preenchimento dos requisitos legais, com vistas à ressocialização do sentenciado. A progressão de regime, por sua vez, é a concessão do benefício gradativo ao sentenciado, ou seja, do fechado para o semiaberto e deste para o aberto. Frisamos: não há progressão em salto no direito de execução penal brasileiro. Quanto ao benefício, o preso tem direito à progressão, que pode ser concedida para o regime semiaberto ou para o aberto (art. 112, LEP), ou ao livramento condicional (art. 83, Código Penal; art. 131, LEP).

— 4.2 —

Penas restritivas de direitos

No que se refere às penas restritivas de direito, nos termos do art. 43 do Código Penal, estas são:

> I – prestação pecuniária;
>
> II – perda de bens e valores;
>
> III – limitação de fim de semana.
>
> IV – prestação de serviço à comunidade ou a entidades públicas;
>
> V – interdição temporária de direitos;
>
> VI – limitação de fim de semana. (Brasil, 1940)

Sobre esse tema, a LEP, por sua vez, assim prevê:

> Art. 147. Transitada em julgado a sentença que aplicou a pena restritiva de direitos, o juiz da execução, de ofício ou a requerimento do Ministério Público, promoverá a execução, podendo, para tanto, requisitar, quando necessário, a colaboração de entidades públicas ou solicitá-la a particulares.
>
> Art. 148. Em qualquer fase da execução, poderá o juiz, motivadamente, alterar a forma de cumprimento das penas de prestação de serviços à comunidade e de limitação de fim de semana, ajustando-as às condições pessoais do condenado e às características do estabelecimento, da entidade ou do programa comunitário ou estatal. (Brasil, 1984)

Para que o processo de execução possa ser iniciado, no caso do cumprimento da pena restritiva de direitos, a sentença condenatória deve ser registrada na Vara Judiciária competente, bem como solicitada certidão de seu trânsito em julgado. Outro ato não menos importante diz respeito à apresentação do sentenciado em juízo para que se dê início à execução da pena. Durante a execução desta, o juiz poderá alterar a forma de cumprimento, principalmente considerando as condições do apenado, bem como os interesses da própria comunidade.

Vejamos, a seguir, cada uma das espécies de penas restritivas de direitos.

— 4.2.1 —
Prestação pecuniária

Nos termos do Código Penal, art. 45, parágrafo 1º: “A prestação pecuniária consiste no pagamento em dinheiro à vítima, a seus dependentes ou a entidade pública ou privada com destinação social, de importância fixada pelo juiz” (Brasil, 1940) quando de sua aplicação.

Quanto ao valor, esclarece o mesmo parágrafo que não deve ser “inferior a 1 (um) salário mínimo nem superior a 360 (trezentos e sessenta) salários mínimos” (Brasil, 1940). Para Nucci (2007, p. 348), a prestação pecuniária constitui “uma sanção penal, restritiva de direitos, embora podendo ter conotação de antecipação de indenização civil”.

Em caso de dano à vítima, esta será a beneficiária de tal prestação pecuniária ou, em sua ausência, seus dependentes, na forma da lei. Não havendo beneficiários diretos, considerando a possibilidade legal de prestação de outra natureza, na prática, o que se verifica é a distribuição de cestas básicas, pois, nesse caso, há a preferência pela prestação pecuniária materializada em alimentos, medicamentos ou produtos que possam suprir necessidades de terceiros.

— 4.2.2 —

Perda de bens e valores

O art. 45, parágrafo 3º, do Código Penal, rege que:

> A perda de bens e valores pertencentes aos condenados dar-se-á, ressalvada a legislação especial, em favor do Fundo Penitenciário Nacional, e seu valor terá como teto – o que for maior – o montante do prejuízo causado ou do provento obtido pelo agente ou por terceiro, em consequência da prática do crime. (Brasil, 1940)

Tanto os bens quanto os valores podem ser assim compreendidos, nos dizeres de Maria Helena Diniz (citada por Nucci, 2007, p. 349-350):

> Bem é coisa material ou imaterial [...]. Nessa acepção, aplica-se melhor no plural. Para que seja objeto de uma relação jurídica será preciso que apresente os seguintes caracteres: a) idoneidade para satisfazer um interesse econômico; b) gestão econômica autônoma; c) subordinação jurídica ao seu titular ou tudo aquilo que pode ser apropriado.

Para a mesma autora, *valor* "é o papel representativo de dinheiro, como cheque, letra de câmbio etc. (direito cambiário), ou preço de uma coisa (direito civil e comercial)" (Diniz, citada por Nucci, 2007, p. 350).

A perda de bens e valores encontra fundamento no art. 5º, inciso XLVI, alínea "b", da Constituição Federal e consiste no confisco, em favor do Fundo Penitenciário Nacional (Funpen), de quantia que pode atingir o valor referente ao "prejuízo causado ou do provento obtido pelo agente ou por terceiro, em consequência da prática do crime", prevalecendo aquele que foi maior (Brasil, 1940). Do mesmo modo, tais bens e valores serão destinados, preferencialmente, ao lesado ou a terceiro de boa-fé, conforme dispõe o art. 91, inciso II, do Código Penal.

— 4.2.3 —
Prestação de serviços à comunidade

O art. 30 da LEP estabelece que as tarefas executadas como prestação de serviço à comunidade não serão remuneradas. O Código Penal, em seu art. 46, parágrafo 1º, dispõe que a "prestação de serviços à comunidade ou a entidades públicas é aplicável às condenações superiores a seis meses de privação da liberdade" e que a "prestação de serviços à comunidade ou a entidades públicas consiste na atribuição de tarefas gratuitas ao condenado" (Brasil, 1940). Por sua vez, os parágrafos 2º e 3º assim disciplinam:

> § 2º A prestação de serviço à comunidade dar-se-á em entidades assistenciais, hospitais, escolas, orfanatos e outros estabelecimentos congêneres, em programas comunitários ou estatais. (Incluído pela Lei nº 9.714, de 1998)

> § 3º As tarefas a que se refere o § 1o serão atribuídas conforme as aptidões do condenado, devendo ser cumpridas à razão de uma hora de tarefa por dia de condenação, fixadas de modo a não prejudicar a jornada normal de trabalho. (Brasil, 1940)

O art. 149 da LEP disciplina as regras principais acerca da forma de cumprimento dessa pena:

> Art. 149. Caberá ao juiz da execução:
>
> I – designar a entidade ou programa comunitário ou estatal, devidamente credenciado ou convencionado, junto ao qual o condenado deverá trabalhar gratuitamente, de acordo com as suas aptidões;
>
> II – determinar a intimação do condenado, cientificando-o da entidade, dias e horário em que deverá cumprir a pena;
>
> III – alterar a forma de execução, a fim de ajustá-la às modificações ocorridas na jornada de trabalho.
>
> § 1º o trabalho terá a duração de 8 (oito) horas semanais e será realizado aos sábados, domingos e feriados, ou em dias úteis, de modo a não prejudicar a jornada normal de trabalho, nos horários estabelecidos pelo juiz.
>
> § 2º A execução terá início a partir da data do primeiro comparecimento. (Brasil, 1984)

A sistemática desse instituto, conforme explica Nunes (2016), observa o seguinte procedimento: uma vez presentes os pressupostos processuais e comparecendo o réu a juízo, inicia-se a execução da pena junto à Vara de Execução competente, cabendo ao juiz designar local, horário e dias do trabalho gratuito.

O condenado deverá ser orientado sobre a forma e o cumprimento da pena e a respeito das consequências do não cumprimento da pena de forma injustificada. À entidade ou à empresa escolhida para o cumprimento da pena devem ser informadas, por escrito, as condições impostas pelo juiz, ficando obrigadas a apresentar ao juiz, mensalmente, um relatório sobre as atividades desenvolvidas pelo condenado, apontando, se for o caso, eventuais indisciplinas ou ausências do réu, conforme os termos do art. 150 da LEP: "A entidade beneficiada com a prestação de serviços encaminhará mensalmente, ao Juiz da execução, relatório circunstanciado das atividades do condenado, bem como, a qualquer tempo, comunicação sobre ausência ou falta disciplinar" (Brasil, 1994).

— 4.2.4 —
Interdição temporária de direitos

Conforme o art. 47 do Código Penal, as penas de interdição temporária de direitos podem ser:

> I – proibição do exercício de cargo, função ou atividade pública, bem como de mandato eletivo;

> II – proibição do exercício de profissão, atividade ou ofício que dependam de habilitação especial, de licença ou autorização do poder público;
>
> III – suspensão de autorização ou de habilitação para dirigir veículo;
>
> IV – proibição de frequentar determinados lugares;
>
> V – proibição de inscrever-se em concurso, avaliação ou exame públicos. (Brasil, 1940)

Nessas hipóteses, a LEP, em seu art. 154, estabelece:

> Art. 154. Caberá ao Juiz da execução comunicar à autoridade competente a pena aplicada, determinada a intimação do condenado.
>
> § 1º Na hipótese de pena de interdição do artigo 47, inciso I, do Código Penal, a autoridade deverá, em 24 (vinte e quatro) horas, contadas do recebimento do ofício, baixar ato, a partir do qual a execução terá seu início.
>
> § 2º Nas hipóteses do artigo 47, incisos II e III, do Código Penal, o Juízo da execução determinará a apreensão dos documentos, que autorizam o exercício do direito interditado. (Brasil, 1984)

Em caso de descumprimento da pena, a autoridade (ou qualquer prejudicado) deve comunicar imediatamente o juiz da execução (art. 155, LEP).

— 4.2.5 —
Limitação de fim de semana

A limitação de fim de semana, descrita no art. 48 do CPB e no art. 151 da LEP, consiste em uma obrigação. Nos dizeres de Avena (2019, p. 337):

> Trata-se da obrigação imposta ao condenado de permanecer, aos sábados e domingos, por 5 (cinco) horas diárias, em casa de albergado ou outro estabelecimento adequado designado pelo Juiz da Execução (art. 48 do CP). Em que pese tenha a mesma duração da pena privativa de liberdade substituída (art. 55 do CP), a verdade é que a limitação de fim de semana somente altera a rotina do condenado nos dias de recolhimento, permanecendo ele com plena liberdade nos demais períodos.

O Código Penal, art. 48, preceitua que: "A limitação de fim de semana consiste na obrigação do condenado de permanecer, aos sábados e domingos, por 5 (cinco) horas diárias, em Casa de Albergado ou outro estabelecimento adequado" (Brasil, 1940). Apesar de a LEP prever que a Casa do Albergado deve situar-se em centro urbano com acomodação adequada (arts. 94 e 95, LEP), a execução da pena de limitação de fim de semana acaba sendo um problema para o Juiz da Execução, pois, no Brasil, as poucas Casas de Albergado ou estabelecimentos adequados para o cumprimento dessa modalidade situam-se, em regra, nas capitais. Dessa forma, na prática, em razão da ausência de Casas de Albergado, muitos juízes acabam adotando o recolhimento domiciliar para aqueles presos que cumprem pena em regime aberto, em razão de absoluta e justificada falta tanto de recursos materiais quanto de pessoal disponível para dar o atendimento adequado.

No que se refere ao cumprimento dessa pena, a LEP dispõe:

> Art. 151. Caberá ao juiz da execução determinar a intimação do condenado, cientificando-o do local, dias e horário em que deverá cumprir a pena.
>
> Parágrafo único. A execução terá início a partir da data do primeiro comparecimento.
>
> Art. 152. Poderão ser ministrados ao condenado, durante o tempo de permanência, cursos e palestras, ou atribuídas atividades educativas.
>
> Parágrafo único. Nos casos de violência doméstica contra a mulher, o juiz poderá determinar o comparecimento obrigatório do agressor a programas de recuperação e reeducação.
>
> Art. 153. O estabelecimento designado encaminhará, mensalmente, ao juiz da execução, relatório, bem assim comunicará, a qualquer tempo, a ausência ou falta disciplinar do condenado. (Brasil, 1984)

Frisamos, por derradeiro, que a LEP trouxe especial preocupação com a mulher, já que, nos casos de violência doméstica contra esta, o parágrafo único do art. 152 dispõe que "o juiz pode determinar, ainda, o comparecimento obrigatório do agressor a programas de recuperação e reeducação" (Brasil, 1984). Sobre o assunto, a Súmula n. 588 do STJ (2017) estabelece: "A prática de crime ou contravenção penal contra a mulher com violência doméstica ou grave ameaça no ambiente doméstico impossibilita a substituição da pena privativa de liberdade por restritiva de direitos".

— 4.3 —
Pena de multa

A pena de multa é modalidade punitiva prevista no art. 5º, inciso XLVI, alínea "c", da Constituição Federal. Os arts. 164 a 170 da LEP disciplinam a execução da pena de multa, que consiste no pagamento, ao Funpen, da quantia fixada na sentença e calculada em dias-multa, a qual pode ser aplicada isolada ou cumulativamente com a restrição de direitos ou com a privativa de liberdade. Trata-se, em síntese, do pagamento de determinado valor em dinheiro em favor do Funpen, fundo este instituído pela Lei Complementar n. 79/1994.

Como é de praxe quanto à regulamentação, compete aos estados-membros a edição de legislação própria para normatizar a utilização e gestão dos recursos angariados com as multas criminais recebidas pela Justiça Criminal dos Estados.

O Código Penal assim dispõe sobre a pena de multa:

> Art. 49. A pena de multa consiste no pagamento ao fundo penitenciário da quantia fixada na sentença e calculada em dias-multa. Será, no mínimo, de 10 (dez) e, no máximo, de 360 (trezentos e sessenta) dias-multa.

> § 1º O valor do dia-multa será fixado pelo juiz não podendo ser inferior a um trigésimo do maior salário mínimo mensal vigente ao tempo do fato, nem superior a 5 (cinco) vezes esse salário.
>
> § 2º O valor da multa será atualizado, quando da execução, pelos índices de correção monetária. (Brasil, 1940)

O art. 50 do Código Penal afirma que a "multa deve ser paga em até 10 dias depois de transitada em julgado a sentença" (Brasil, 1940). O pagamento da multa poderá ser realizado em parcelas, se solicitado pelo condenado e/ou se assim o juiz entender por essa possibilidade diante do caso concreto. Também é possível que o juiz determine o desconto dos valores no vencimento ou salário do condenado quando: "a) aplicada isoladamente; b) aplicada cumulativamente com pena restritiva de direitos; c) concedida a suspensão condicional da pena" (Brasil, 1940). Por fim, ressaltamos que o "desconto não deve incidir sobre os recursos indispensáveis ao sustento do condenado e de sua família" (Brasil, 1940).

Nesse contexto, o art. 168 da LEP afirma que a cobrança da multa pode ser efetuada por meio de desconto no vencimento ou salário do condenado, nas hipóteses do art. 50, parágrafo 1º, do Código Penal, observando-se o disposto no art. 168 da LEP:

> I – o limite máximo do desconto mensal será o da quarta parte da remuneração e o mínimo o de um décimo;
>
> II – o desconto será feito mediante ordem do Juiz a quem de direito;

> III – o responsável pelo desconto será intimado a recolher mensalmente, até o dia fixado pelo Juiz, a importância determinada. (Brasil, 1984)

Ainda sobre o tema, a LEP disciplina:

> Art. 164. Extraída certidão da sentença condenatória com trânsito em julgado, que valerá como título executivo judicial, o Ministério Público requererá, em autos apartados, a citação do condenado para, no prazo de 10 (dez) dias, pagar o valor da multa ou nomear bens à penhora.
>
> § 1º Decorrido o prazo sem o pagamento da multa, ou o depósito da respectiva importância, proceder-se-á à penhora de tantos bens quantos bastem para garantir a execução.
>
> § 2º A nomeação de bens à penhora e a posterior execução seguirão o que dispuser a lei processual civil. (Brasil, 1984)

Contudo, em razão do que dispõe a Constituição Federal de 1988, o Ministério Público não tem mais legitimidade ativa para propor o início da execução, passando a legitimidade ativa a ser da Procuradoria da Fazenda Pública, da União ou dos estados.

Existindo a pena de multa cumulativa com outra pena, as execuções devem ser realizadas em separado, distintamente.

Se, durante a execução da pena de multa, sobrevier deficiência mental à pessoa do executado, declarada em laudo psiquiátrico, a execução deverá ser suspensa (art. 167, LEP).

— 4.4 —
Suspensão condicional da pena

A suspensão condicional da pena é um instituto preexistente ao Código Penal, que visa à não execução da pena propriamente dita desde que o sentenciado preencha determinados requisitos e cumpra adequadamente as condições fixadas pelo juiz. Nos dizeres de Nucci (2007, p. 441), "trata-se de um instituto de política criminal tendo por fim a suspensão da execução da pena privativa de liberdade". Dessa forma, há possibilidade de cumprimento da sanção imposta, sem prejuízos ao condenado, se preenchidos os requisitos e adimplidas, em contrapartida, as condições estabelecidas.

Desde a implementação da pena, questiona-se sobre o cumprimento de sua finalidade. Evandro Lins e Silva (citado por Kuehne, 2019, p. 318) preconiza:

> A cadeia é uma jaula reprodutora de criminosos. Ela degrada, avilta, deforma o sujeito. E estigmatiza: ninguém mais dá emprego a ex-presidiário e ele volta a se marginalizar para sobreviver. Alguma possibilidade de que a prisão exerça um papel reabilitador? A experiência universal é que ninguém sai da cadeia melhor do que entrou.

O instituto da suspensão condicional da pena, também chamado de *sursis*, está disciplinado nos arts. 77 a 82 do Código Penal e, para sua melhor compreensão, deverão ser estudados conjuntamente com os seguintes dispositivos da LEP, que assim estabelecem:

> Art. 156. O Juiz poderá suspender, pelo período de 2 (dois) a 4 (quatro) anos, a execução da pena privativa de liberdade, não superior a 2 (dois) anos, na forma prevista nos artigos 77 a 82 do Código Penal.
>
> Art. 157. O Juiz ou Tribunal, na sentença que aplicar pena privativa de liberdade, na situação determinada no artigo anterior, deverá pronunciar-se, motivadamente, sobre a suspensão condicional, quer a conceda, quer a denegue.
>
> Art. 158. Concedida a suspensão, o Juiz especificará as condições a que fica sujeito o condenado, pelo prazo fixado, começando este a correr da audiência prevista no artigo 160 desta Lei.
>
> § 1º As condições serão adequadas ao fato e à situação pessoal do condenado, devendo ser incluída entre as mesmas a de prestar serviços à comunidade, ou limitação de fim de semana, salvo hipótese do artigo 78, § 2º, do Código Penal.
>
> § 2º O Juiz poderá, a qualquer tempo, de ofício, a requerimento do Ministério Público ou mediante proposta do Conselho Penitenciário, modificar as condições e regras estabelecidas na sentença, ouvido o condenado.
>
> § 3º A fiscalização do cumprimento das condições, reguladas nos Estados, Territórios e Distrito Federal por normas supletivas, será atribuída a serviço social penitenciário, Patronato, Conselho da Comunidade ou instituição beneficiada com a prestação de serviços, inspecionados pelo Conselho

Penitenciário, pelo Ministério Público, ou ambos, devendo o Juiz da execução suprir, por ato, a falta das normas supletivas.

§ 4º O beneficiário, ao comparecer periodicamente à entidade fiscalizadora, para comprovar a observância das condições a que está sujeito, comunicará, também, a sua ocupação e os salários ou proventos de que vive.

§ 5º A entidade fiscalizadora deverá comunicar imediatamente ao órgão de inspeção, para os fins legais, qualquer fato capaz de acarretar a revogação do benefício, a prorrogação do prazo ou a modificação das condições.

§ 6º Se for permitido ao beneficiário mudar-se, será feita comunicação ao Juiz e à entidade fiscalizadora do local da nova residência, aos quais o primeiro deverá apresentar-se imediatamente.

Art. 159. Quando a suspensão condicional da pena for concedida por Tribunal, a este caberá estabelecer as condições do benefício.

§ 1º De igual modo proceder-se-á quando o Tribunal modificar as condições estabelecidas na sentença recorrida.

§ 2º O Tribunal, ao conceder a suspensão condicional da pena, poderá, todavia, conferir ao Juízo da execução a incumbência de estabelecer as condições do benefício, e, em qualquer caso, a de realizar a audiência admonitória.

Art. 160. Transitada em julgado a sentença condenatória, o Juiz a lerá ao condenado, em audiência, advertindo-o das consequências de nova infração penal e do descumprimento das condições impostas.

> Art. 161. Se, intimado pessoalmente ou por edital com prazo de 20 (vinte) dias, o réu não comparecer injustificadamente à audiência admonitória, a suspensão ficará sem efeito e será executada imediatamente a pena.
>
> Art. 162. A revogação da suspensão condicional da pena e a prorrogação do período de prova dar-se-ão na forma do artigo 81 e respectivos parágrafos do Código Penal.
>
> Art. 163. A sentença condenatória será registrada, com a nota de suspensão em livro especial do Juízo a que couber a execução da pena.
>
> § 1º Revogada a suspensão ou extinta a pena, será o fato averbado à margem do registro.
>
> § 2º O registro e a averbação serão sigilosos, salvo para efeito de informações requisitadas por órgão judiciário ou pelo Ministério Público, para instruir processo penal. (Brasil, 1984)

A suspensão condicional da pena deve ser entendida, então, como uma medida alternativa de cumprimento da pena privativa de liberdade, podendo, inclusive, ser considerada um benefício, nos termos do art. 77 do Código Penal, e um direito, se preenchidos os requisitos descritos, salvo se houver condições desfavoráveis para sua concessão.

Não deixou de prever o legislador as situações de revogação obrigatória e facultativa em casos de descumprimento do benefício, visto que, em sede de execução penal, é primordial a descrição de condicionantes, eis que, vez ou outra, previamente à condenação ou no decorrer do cumprimento da pena, poderão surgir outros delitos e sentenças relativos a fatos retroativos que comprometam o histórico e os posteriores benefícios do sentenciado.

— 4.5 —

Execução das medidas de segurança

Sobre a aplicação da medida de segurança, Mirabete (2007, p. 736) menciona a importância de "que o juiz reconheça ter o agente praticado um fato típico e antijurídico, não se podendo, portanto, aplicar a medida de segurança se não constituir o fato ilícito penal ou se apurar que o acusado agiu ao abrigo de uma excludentes da antijuridicidade".

As medidas de segurança, nos termos do art. 96 do Código Penal, são as seguintes:

> I – Internação em hospital de custódia e tratamento psiquiátrico [...];
>
> II – sujeição a tratamento ambulatorial.
>
> Parágrafo único. Extinta a punibilidade, não se impõe medida de segurança nem subsiste a que tenha sido imposta. (Brasil, 1940)

Na LEP, o assunto é tratado no art. 171, que assim dispõe: "Transitada em julgado a sentença que aplicar medida de segurança, será ordenada a expedição de guia de execução" (Brasil, 1984).

É de suma importância a fixação do prazo mínimo de execução da medida de segurança, que será sempre de 1 a 3 anos, independentemente do ilícito praticado, nos termos dos arts. 97 e 98 do Código Penal.

A cessação da periculosidade, de acordo com o art. 175 da LEP, deve ser avaliada mediante perícia médica. Vejamos, na Figura 4.4, os trâmites para a avaliação da cessação de periculosidade, conforme prevê o Código Penal.

Figura 4.4 – Cessação da periculosidade

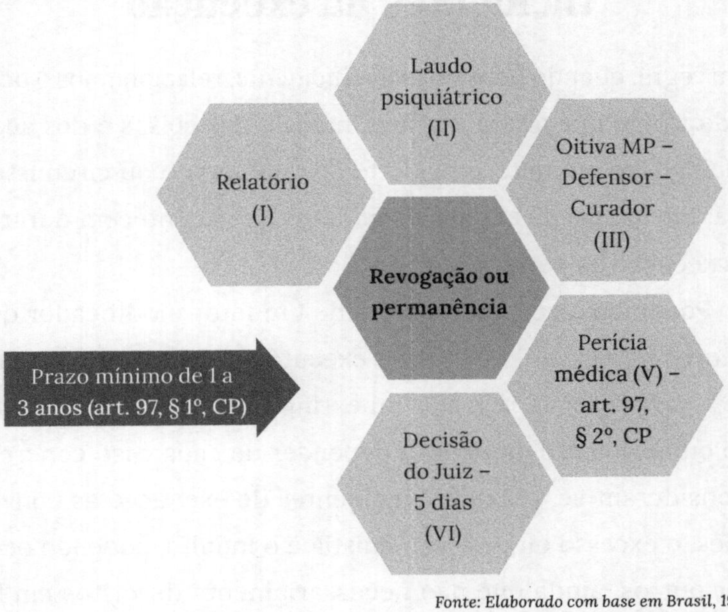

Fonte: Elaborado com base em Brasil, 1940.

Nesse contexto, deve o juiz fixar, como já mencionamos, um prazo mínimo de duração da medida de segurança consistente em internação ou tratamento ambulatorial. Do mesmo modo, o prazo deve ser fixado caso haja a conversão da pena em medida de segurança, havendo a superveniência de deficiência mental ou perturbação da saúde mental no decorrer da execução da pena.

— 4.6 — Incidentes da execução

Em regra, quando pensamos em *incidente*, relacionamos o ocorrido a algo que altera a ordem natural das coisas e dos acontecimentos em determinado tempo, momento ou circunstância. *Incidentes de execução* são fatos que acontecem durante a execução da pena.

Podemos dizer que se trata de um fator modificador que ocorre no curso do processo executório, seja para conceder, seja para revogar, regredir ou extinguir situação relacionada ao cumprimento da pena, a depender de cada caso concreto. Consideram-se, portanto, incidentes de execução as conversões, o excesso ou desvio, a anistia e o indulto, podendo ocorrer outros, ainda que não necessariamente descritos em lei. Passaremos, doravante, a abordar os principais.

— 4.6.1 —
Conversões

As conversões, no âmbito da execução penal, são descritas pela lei de modo a orientar as ações e as providências a serem tomadas no decorrer do cumprimento da pena, a depender dos acontecimentos que envolvem o sentenciado.

Sobre o tema, assim leciona a doutrina:

> A conversão é a substituição de uma sanção por outra, pena ou medida de segurança, no curso da execução. Há assim, alteração na execução, que pode ser favorável ou prejudicial ao condenado, transformando-se a pena primitivamente imposta em outra ou em medida de segurança, ou uma desta em outra espécie. (Dotti, 1985, p. 108, citado por Mirabete, 2007, p. 766)

As possibilidades legais de conversão são as seguintes:

- conversão da privativa de liberdade (não superior a 2 anos) em restritiva de direitos (art. 180, LEP);
- conversão da restritiva de direitos em privativa de liberdade (art. 181, LEP c.c. art. 45, Código Penal);
- conversão da pena de prestação de serviços à comunidade em privativa de liberdade (art. 181, § 1º, LEP);
- conversão da pena de limitação de fim de semana em privativa de liberdade (art. 181, § 2º, LEP);
- conversão das penas de interdição temporária de direitos em privativa de liberdade (art. 181, § 3º, LEP);

- Conversão da pena privativa de liberdade (deficiência mental) em medida de segurança (art. 183, LEP).

Aqui, é imprescindível salientar que nem sempre a conversão é negativa para o sentenciado. Há situações em que se considera bastante favorável, como é o caso da conversão da pena privativa de liberdade em restritiva de direitos (art. 180, LEP) ou de medida de segurança (art. 183, LEP). Outros, porém, são desfavoráveis, como quando a conversão da pena restritiva de direito transmuda-se para a privação da liberdade (arts. 181 e 182, LEP).

— 4.6.2 —
Excesso ou desvio

O excesso ou desvio ocorrerá "sempre que algum ato for praticado além dos limites fixados na sentença, em normas legais ou regulamentares", nos termos do art. 185 da LEP (Brasil, 1984). A Exposição de Motivos da LEP (itens 169 e 170) explica, estreme de dúvidas, o significado dessas expressões, descrevendo também suas características:

> 169. O excesso ou desvio na execução caracterizam fenômenos aberrantes não apenas sob a perspectiva individualista do status jurídico do destinatário das penas e das medidas de segurança. Para muito além dos direitos, a normalidade do processo de execução é uma das exigências da defesa social.

> 170. O excesso ou o desvio de execução consistem na prática de qualquer ato fora dos limites fixados pela sentença, por normas legais ou regulamentares. (Brasil, 1983)

Para Mesquita Júnior (2007, p. 313), quando o assunto é excesso ou desvio na execução,

> A prática demonstra que o Ministério Público é quem mais pugna pela ocorrência do excesso ou desvio na execução, uma vez que inviabiliza a soltura de presos, sempre opinando pela execução da pena no presídio, mesmo sabendo que os presídios não oferecem o mínimo de condições para a viável execução da pena.

O autor refere-se, indubitavelmente, à constante violação dos direitos dos condenados, considerando as precárias condições do sistema carcerário brasileiro. Portanto, restará configurado excesso ou desvio sempre que houver a prática de atos que excedam os limites fixados na sentença ou em normas legais ou regulamentares (art. 185, LEP). No que tange à competência para suscitar esse incidente, o legislador elencou o Ministério Público, o Conselho Penitenciário, o sentenciado e os órgãos da execução penal (art. 186, LEP).

— 4.6.3 —
Anistia, graça, indulto e comutação de pena

Esses institutos não são habitualmente estudados na academia. No entanto, quando se trata da atuação no âmbito da execução penal, o profissional do direito deve estar atento às oportunidades em razão dos decretos que proporcionam tais benesses. É relevante, primeiramente, conceituá-los, de modo a esclarecer as peculiaridades de cada um deles.

A **graça**, em sentido amplo, abrange a anistia e o indulto. O indulto pode ser individual e coletivo. No indulto individual, o condenado tem o perdão da pena, ao passo que, no indulto coletivo, tem o perdão parcial da pena, consubstanciando-se na comutação, que é a redução da pena, desde que preenchidos os requisitos legais. A anistia e o indulto são institutos considerados de indulgência.

Nesse sentido, a própria Exposição de Motivos da LEP assim esclarece:

> 172. As disposições em torno da anistia e do indulto (artigo 186 e seguintes) aprimoram sensivelmente os respectivos procedimentos e se ajustam também à orientação segundo a qual o instituto da graça foi absorvido pelo indulto, que pode ser individual ou coletivo. A Constituição Federal, aliás, não se refere à graça, mas somente à anistia e ao indulto (artigo 8º, XVI; 43, VIII; 57, VI; 81, XXII). Em sentido amplo, a graça abrangeria tanto a anistia como o indulto. (Brasil, 1983)

A **anistia**, por sua vez, consiste no desmemoriamento jurídico de uma ou mais infrações penais e refere-se a crimes políticos. Nesse sentido, elucida Mirabete (2007, p. 782):

> A anistia é medida de interesse coletivo, motivada em regra por considerações de ordem política e inspirada na necessidade de paz social a fim de se fazer esquecer comoções intestinais e pacificar espíritos tumultuados. Aplica-se, por isso, principalmente, aos crimes políticos, militares e eleitorais, mas nada impede que se refira a qualquer outra infração penal.

A seu turno, o **indulto** é o perdão da pena, ou seja, quando o sentenciado preenche todos os requisitos, individualmente, com relação ao delito praticado e à quantidade de pena cumprida da pena, pode ser beneficiado com o indulto, ou seja, o perdão total da pena, decretando-se, assim, sua liberação e a extinção da punibilidade.

A **comutação**, por sua vez, nada mais é do que o perdão parcial, consubstanciando-se este em um desconto da pena a depender do *quantum* estabelecido pelo decreto referindo-se ao delito, bem como à pena estipulada *versus* pena cumprida pelo sentenciado.

Há, casos, porém, em que o preso não tem direito nem ao indulto nem à comutação, justamente por não preencher o requisito objetivo, leia-se *temporal*, e o requisito subjetivo, consistente no bom comportamento carcerário somado ao não cometimento de faltas graves nos meses antecedentes ao decreto.

Portanto, ledo engano de quem se apega ao popular "indulto de natal" como direito garantido do preso.

Quanto aos aspectos relacionados à sua criação, a anistia depende de lei da competência do Congresso (art. 48, VIII, CF) e tem seu procedimento descrito no art. 187 da LEP. O indulto e a comutação são previstos como competência privativa do presidente da República (art. 84, XII, CF) e encontram-se regulamentados nos arts. 188 a 193 da LEP.

No que se refere aos efeitos, a anistia extingue todos os efeitos penais relativos aos fatos ocorridos, eis que se refere a fatos, e não a pessoas, podendo ser geral ou parcial. Nesse sentido, seus efeitos são *ex tunc*, ou seja, a anistia apaga o crime e seus efeitos, excluídos, porém, os efeitos civis, que poderão ser objeto de ação própria, sobretudo no caso de indenizações. Quanto ao indulto individual, deverá ser declarada extinta a punibilidade. Na comutação de pena, a guia de recolhimento deverá ser retificada para constar a nova pena a ser cumprida pelo sentenciado beneficiário.

No que diz respeito à restrição para a concessão desses benefícios, a própria Constituição proíbe a concessão da anistia e da graça em determinados crimes (art. 5º, XLIII, CF).

No que tange ao requerimento dos benefícios a que o preso tem direito no decorrer da execução penal, será imprescindível verificar se houve ou não a prática de falta grave pelo sentenciado, bem como se há remição de pena a ser considerada, antes de protocolizar o pedido perante o juiz da Vara de Execuções

Penais. A falta grave obsta a concessão do benefício, ao menos naquele momento. A remição pode figurar como um contributivo do lapso temporal faltante, em qualquer benefício, incluindo-se o pedido de indulto ou comutação.

Em regra, o decreto de indulto é editado anualmente, mas nada impede que, no decorrer do ano, extraordinariamente, o chefe do Executivo possa editá-lo, a exemplo do decreto de indulto com base no estado de saúde do preso (Decreto n. 9.706/2019), o denominado *indulto humanitário*.

— 4.7 —
Procedimento judicial

No decorrer da execução penal, as garantias e os princípios devem estar presentes, bem como o procedimento judicial por intermédio do Juízo da Execução, nos termos do art. 194 da LEP. Quanto ao procedimento judicial, vejamos o que dispõe o art. 195 da LEP:

> Art. 195. O procedimento judicial iniciar-se-á de ofício, a requerimento do Ministério Público, do interessado, de quem o represente, de seu cônjuge, parente ou descendente, mediante proposta do Conselho Penitenciário, ou, ainda, da autoridade administrativa. (Brasil, 1984)

Nesse caso, poderá ser requerida a realização de provas. Contudo, não o sendo, o juiz decidirá no prazo de 3 dias (art. 196, LEP).

O art. 197 da LEP preceitua que: "Das decisões proferidas pelo juiz caberá recurso de agravo, sem efeito suspensivo" (Brasil, 1984).

Quanto ao **agravo em execução**, aplica-se o mesmo prazo do recurso em sentido estrito (art. 586, CPP), ou seja, 5 dias. Nesse sentido, preconizou a Súmula n. 700 do STF (2003a): "É de cinco dias o prazo para interposição de agravo contra decisão do juiz da execução penal". Vale ressaltar que não se computará o dia do começo, computando-se, porém, o dia do vencimento (art. 798, §§ 1º e 5º, CPP).

O recurso de agravo em execução deve ser interposto perante o juiz da Vara de Execuções Penais, que poderá reconsiderar a decisão ou, se não o fizer, encaminhá-lo ao Tribunal de Justiça, órgão de segunda instância que irá julgá-lo.

Não se admite efeito suspensivo no caso de interposição de agravo. O efeito é regressivo nos termos do art. 589 do Código de Processo Penal (CPP) – Decreto-Lei n. 3.689, de 3 de outubro de 1941 (Brasil, 1941).

Por fim, ocorrendo a denegação do agravo, o recurso cabível é a carta testemunhável. Nesse sentido, Mirabete (2007, p. 820) esclarece que, "ocorrendo denegação do agravo ou em caso de admitido, ter seu processamento obstado, caberá o recurso previsto no art. 639 do Código de Processo Penal vigente, ou seja, a carta testemunhável".

— 4.8 —
Monitoração eletrônica

Segundo Roig (2018), a ideia da utilização de um mecanismo eletrônico de monitoramento de presos começou a ser concebida pelos irmãos americanos Robert Schwitzgebel e Ralf Schwitzgebel, por volta dos anos 1960. Contudo, apenas em 1977 o magistrado americano Jack Love concretizou a ideia, após ler um trecho dos quadrinhos do "Homem Aranha", em que este conseguiu ser localizado por seu inimigo graças a um dispositivo colocado em seu punho.

A monitoração eletrônica foi incluída na LEP em 2010 por meio da Lei n. 12.258, de 15 de junho de 2010 (Brasil, 2010a), que acresceu o art. 146-B para tratar do tema:

> Art. 146-B. O juiz poderá definir a fiscalização por meio da monitoração eletrônica quando:
>
> [...]
>
> II – autorizar a saída temporária no regime semiaberto;
>
> [...]
>
> IV – determinar a prisão domiciliar; [...]. (Brasil, 1984)

Quanto aos cuidados sobre a utilização do equipamento, preocupou-se o legislador com as seguintes questões:

> Art. 146-C. O condenado será instruído acerca dos cuidados que deverá adotar com o equipamento eletrônico e dos seguintes deveres:
>
> I – receber visitas do servidor responsável pela monitoração eletrônica, responder aos seus contatos e cumprir suas orientações;
>
> II – abster-se de remover, de violar, de modificar, de danificar de qualquer forma o dispositivo de monitoração eletrônica ou de permitir que outrem o faça. (Brasil, 1984)

Diante de violação dos deveres pelo condenado, as consequências foram descritas conforme previsão que segue:

> Art. 146-C [...]
>
> [...]
>
> Parágrafo único. A violação comprovada dos deveres previstos neste artigo poderá acarretar, a critério do juiz da execução, ouvidos o Ministério Público e a defesa:
>
> I – a regressão do regime;
>
> II – a revogação da autorização de saída temporária;
>
> [...]
>
> VI – a revogação da prisão domiciliar;
>
> VII – advertência, por escrito, para todos os casos em que o juiz da execução decida não aplicar alguma das medidas previstas nos incisos de I a VI deste parágrafo. (Brasil, 1984)

A monitoração eletrônica também pode ser revogada nos termos do art. 146-D nos casos dispostos nos incisos I e II, conforme consta na Figura 4.5.

Figura 4.5 – Revogação da monitoração eletrônica (art. 146-D, LEP)

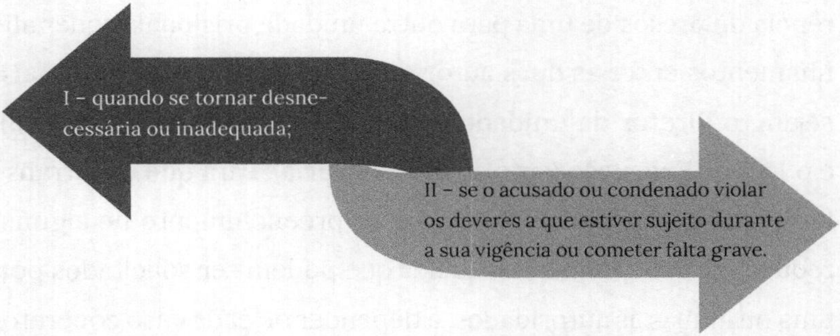

I - quando se tornar desnecessária ou inadequada;
II - se o acusado ou condenado violar os deveres a que estiver sujeito durante a sua vigência ou cometer falta grave.

Fonte: Elaborada com base em Brasil, 1984.

Com o advento da monitoração eletrônica, surgiu também a possibilidade de implementar o regime semiaberto harmonizado, ou seja, o condenado pode deslocar-se de sua residência para o local de trabalho devidamente monitorado, em vez de voltar à unidade penal durante a noite. Todavia, reiteramos que, havendo violação dos deveres e das regras, o benefício será revogado.

Por fim, decretos, resoluções e instruções normativas no âmbito estadual devem regulamentar o funcionamento da monitoração eletrônica. Há, também, a possibilidade de monitoração eletrônica prevista no art. 319, inciso IX, do CPP, que trata das medidas cautelares diversas da prisão.

— 4.9 —

Transferência de preso entre unidades penais

Trata-se de procedimento que envolve os trâmites administrativo e judicial. No entanto, não há previsão expressa na LEP. A transferência de presos de uma para outra unidade prisional requer alinhamentos entre as duas autoridades da execução penal, quais sejam, o diretor da unidade penal (autoridade administrativa) e o Juiz da Execução (autoridade judiciária). Para que essa transferência seja exitosa, é necessário o preenchimento de alguns requisitos, sem prejuízo daqueles que podem ser solicitados por uma ou ambas as autoridades, a depender de cada caso concreto. Inicialmente, é preciso comprovar, em um pedido de transferência, o motivo justificado; indicar se a unidade que pretende receber o preso tem vaga em aberto ou o fará por intermédio de permuta; descrever a avaliação do perfil do preso; juntar documento comprobatório de declaração e atestado de vaga naquela unidade penal, juntamente ao atestado de bom comportamento.

Efetuado o devido alinhamento entre direções de unidades penais, deverá o defensor peticionar ao juiz requerendo a transferência do preso. Os documentos comprobatórios de que o sentenciado preenche os requisitos, bem como da concordância de ambas as autoridades prisionais em receber o preso, são imprescindíveis. Ainda, em alguns casos, o deferimento do pedido por um dos magistrados deverá ser juntado aos autos do pedido do outro sentenciado para justificar a viabilidade da transferência.

— 4.10 —

Tratamento especial aplicável a mulheres presas

A LEP foi alterada pela Lei n. 13.769, de 19 de dezembro de 2018 (Brasil, 2018), com a inclusão de dispositivos que tratam das mulheres, especialmente a mulher gestante ou que for mãe ou responsável por criança ou pessoas com deficiência. Nesse sentido, o art. 112, parágrafo 3º, assim especifica os requisistos sobre a concessão da progressão:

> I – não ter cometido crime com violência ou grave ameaça a pessoa;
>
> II – não ter cometido o crime contra seu filho ou dependente;
>
> III – cumprido ao menos 1/8 (um oitavo) da pena no regime anterior;
>
> IV – ser primária e ter bom comportamento carcerário;
>
> V – não ter integrado organização criminosa. (Brasil, 2018)

Por outro lado, não deixou o legislador de constar a punição para o caso de cometimento de nova infração: "§4º O cometimento de novo crime doloso ou falta grave implicará a revogação do benefício previsto no parágrafo 3º deste artigo" (Brasil, 2018).

Capítulo 5

Sistema carcerário e atual cenário da execução penal no Brasil

Neste capítulo, pretendemos traçar um panorama sintetizado do que atualmente representa em números o sistema carcerário brasileiro, pois o assunto é extenso. Todavia é possível, por intermédio de um recorte, situar o cenário que retrata a realidade das penitenciárias brasileiras, notadamente quanto aos aspectos relacionados à população carcerária, seu crescimento nos últimos anos e a eficácia ou não da Lei de Execução Penal (LEP) – Lei n. 7.210, de 11 de julho de 1984 (Brasil, 1984) – no cotidiano da vida prisional com vistas à ressocialização.

A superlotação das unidades prisionais no Brasil tem, como uma de suas justificativas, a reincidência no cometimento dos delitos e, consequentemente, a rotatividade de pessoas presas no sistema prisional em razão de seu *modus operandi* na execução da pena. Outro fator a ser considerado é o não cumprimento adequado dos direitos do preso, uma vez que, há muito, resta indubitável o caráter falencial atinente à aplicabilidade da legislação, já que não se observa a redução da criminalidade, tampouco a reintegração do condenado à sociedade.

Entendemos que essas questões devem ser amplamente debatidas pela sociedade, de modo que, conhecendo seus meandros, seja possível assumir posições e exigir políticas sociais que visem ao equacionamento dos problemas detectados, uma vez que, conforme pontua o Relatório elaborado pela Comissão de Direitos Humanos e Minorias da Câmara dos Deputados em parceria com a Pastoral Carcerária (da Conferência Nacional dos Bispos do Brasil – CNBB), na introdução feita pelo seu Presidente, Deputado Greenhalgh:

> Na sociedade predomina o desprezo aos internos no sistema prisional. Não há sensibilização suficiente para provocar a mobilização eficaz face às condições de saúde deploráveis, os ambientes superlotados, a ausência de atividades laborais e educativas. [...] A crise do sistema prisional não é um problema só dos presos, é um problema da sociedade. E toda a sociedade passará a sofrer o agravamento das consequências de sua própria omissão. (Brasil, 2006a)

A realidade requer a implementação de políticas sociais que visem ao equacionamento dos problemas detectados, em especial, nesse caso, a superlotação carcerária.

A realidade das penitenciárias brasileiras é preocupante, pois a população carcerária cresceu muito nos últimos tempos. Ao pesquisar os dados relativos ao sistema carcerário, é comum os números oscilarem a depender da perspectiva dessa análise, ou seja, se envolve ou não presos provisórios, se são computados aqueles que estão em presídios federais ou, ainda, se a população é somente masculina ou incluem-se também as mulheres presas no sistema carcerário. Para tanto, neste breve capítulo, utilizaremos os dados do Departamento Penitenciário Nacional (Depen), por serem os mais recentes.

Aproximadamente há dez anos, o Brasil era o quarto país em população carcerária e contava com uma população prisional de aproximadamente 490 mil presos. No entanto, após outros dez anos, esse número cresceu de forma exorbitante, e o país passou ao terceiro lugar, chegando, em dezembro de

2019, a 755.274 presos, de acordo com dados do Sistema de Informações Penitenciárias do Departamento Penitenciário Nacional (Infopen) (Brasil, 2019e).

Isso significa que, com a evolução de aprisionamento que o Brasil teve nos últimos anos, ficamos atrás apenas dos Estados Unidos (2,1 milhões) e da China (1,6 milhão) em população carcerária (Consultor Jurídico, 2017). Diante do atual cenário, acerca do aumento da massa carcerária manifesta-se Caulyt (2018):

> "Mesmo a construção massiva e presídios desde os anos 1990 não foi capaz de dar conta dos enormes contingentes de pessoas presas no país no período", diz Rodolfo Valente, pesquisador da Pastoral Carcerária e responsável pelo relatório. "O aumento da taxa de encarceramento é tão intenso que o quadro de superlotação, na verdade, tende a se agravar, a despeito dos muitos presídios inaugurados regularmente e que, na realidade, só fazem fomentar ainda mais a banalização das prisões e de suas barbáries".

Inicialmente, ao se falar em construir prisões para resolver o problema da superlotação carcerária, presume-se que tais pessoas presas deveriam ser devidamente alocadas em lugares de acordo com seu perfil, dando, assim, efetivo cumprimento ao descrito na LEP.

Entretanto, não é isso que acontece na prática. Ao contrário, quanto mais prisões são construídas, mais aumenta o número de pessoas encarceradas, pois, quando os governantes direcionam seu foco para o atendimento das questões materiais, deixando de lado os aspectos humanos relacionados à recuperação, capacitação para o trabalho e consequente ressocialização para a reinserção social desses presos, o problema tende a crescer ainda mais. Se continuar nesse ritmo, não será novidade se daqui a dez ou vinte anos o Brasil novamente se reposicionar no *ranking* mundial de população carcerária.

Ainda quanto ao sistema penitenciário brasileiro, é oportuno ressaltar que o Brasil contempla, atualmente, dois sistemas. O primeiro e tradicional é o **sistema penitenciário estadual**, mantido em cada uma das unidades federativas dos estados, com pessoal, em regra, concursado ou vinculado por contratos temporários. O segundo, o **sistema penitenciário federal,** foi implantado em 2006 pelo Decreto n. 6.049/2007, com a finalidade de abrigar um perfil diferenciado de presos, especialmente os líderes de organizações criminosas e aqueles submetidos ao regime disciplinar diferenciado (RDD), implantado apenas em alguns dos estados brasileiros, com pessoal concursado, chamados de *agentes penitenciários federais*.

Figura 5.1 – Presos em unidades prisionais estaduais no Brasil

Período de julho a dezembro de 2019

(*) Sem os dados da Segurança Pública

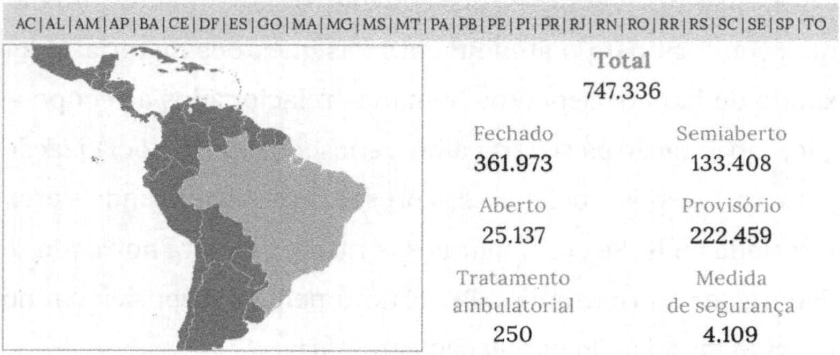

Peter Hermes Furian/Shutterstock

Fonte: Brasil, 2019e, p. 2.

Primeiramente, podemos observar que estão excluídos os dados relativos à segurança pública. Em um segundo momento, nesses 747.336 presos não estão computados aqueles que cumprem pena nas penitenciárias federais, os quais podem ser consultados na Figura 5.2.

Figura 5.2 – Presos em unidades prisionais federais no Brasil

Período de julho a dezembro de 2019

(*) Sem os dados da Segurança Pública

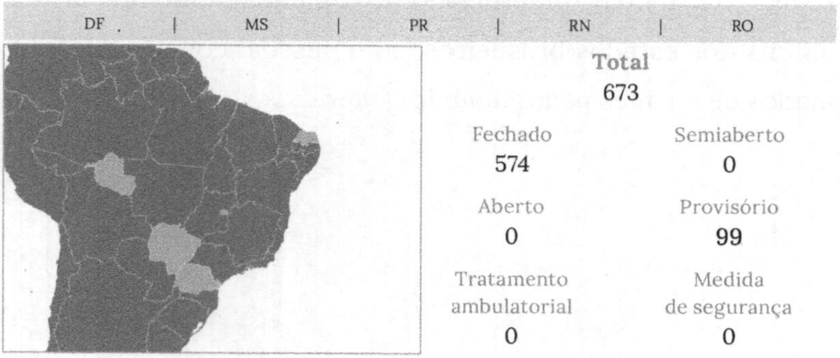

pingebat/Shutterstock

Fonte: Brasil, 2019e, p. 2.

Conforme os números revelados, percebemos que, nas penitenciárias federais instaladas no Distrito Federal, no Mato Grosso do Sul, no Paraná, no Rio Grande do Norte e em Rondônia, há 574 presos em regime fechado e 99 presos provisórios, totalizando 673 presos (Brasil, 2019e). Somam-se estes, portanto, aos 746.336 presos do sistema estadual, o que resulta no número total de 748.009 presos no sistema penitenciário brasileiro em dezembro de 2019 (Brasil, 2019e).

Na Figura 5.3, podemos verificar, então, o total de presos somando aqueles que cumprem pena nas unidades estaduais e federais do território brasileiro.

Figura 5.3 – Total de presos em unidades prisionais (estaduais e federais) no Brasil

Período de julho a dezembro de 2019

(*) Sem os dados da Segurança Pública

AC | AL | AM | AP | BA | CE | DF | ES | GO | MA | MG | MS | MT | PA | PB | PE | PI | PR | RJ | RN | RO | RR | RS | SC | SE | SP | TO

Total
748.009

Fechado 362.547	Semiaberto 133.408
Aberto 25.137	Provisório 222.558
Tratamento ambulatorial 250	Medida de segurança 4.109

Peter Hermes Furian/Shutterstock

Fonte: Brasil, 2019e, p. 2.

No entanto, incluindo outras carceragens, somamos, no final de 2019, o total de 755.274 presos, sendo, 748.009 nos sistemas penitenciários estadual e federal, representando 99,4%, e 7.265 presos, equivalente a 0,96%, nas secretarias de segurança pública (Brasil, 2019e).

Figura 5.4 – Total de presos em unidades prisionais (estaduais e federais) e outras carceragens no Brasil

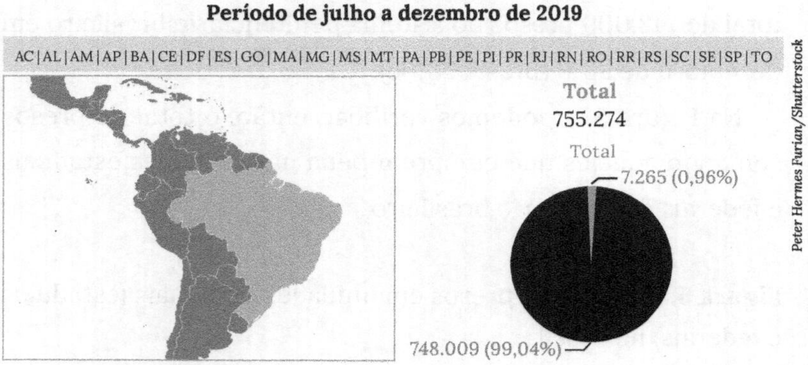

Fonte: Brasil, 2019e, p. 4.

Quanto ao crescimento da população carcerária, o Gráfico 5.1 mostra uma constante evolução nos últimos anos. Apenas a título de comparação, no ano 2000, o Brasil tinha uma população prisional de 232.755, que evoluiu para 496.251 em 2010 e ingressou 2020 com 755.274 presos, ou seja, números bastantes consideráveis nos últimos 20 anos.

Gráfico 5.1 – População prisional por ano no Brasil

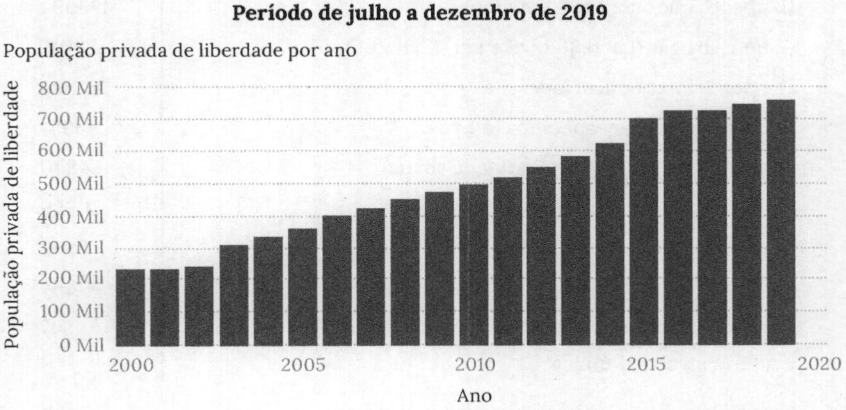

Fonte: Brasil, 2019e, p. 8.

Dessa população, como já vimos, a maioria, ou melhor, a quase totalidade, é composta por homens. Para tanto, é imperioso entender em quais incidências estes incorreram analisando o percentual de práticas criminosas por tipo penal, nos termos do relatório do Depen.

Gráfico 5.2 – Quantidade de incidências por tipo penal

(continua)

(*Gráfico 5.2 – conclusão*)

Categoria: quantidade de incidências por tipo penal	Homens
Grupo: Crimes contra o patrimônio	494994
Grupo: Drogas (Lei 6.368/76 e Lei 11.343/06)	183077
Grupo: Crimes contra a pessoa	167098
Grupo: Legislação específica (outros)	46957
Grupo: Crimes contra a dignidade sexual	34840
Grupo: Crimes contra a paz pública	21359
Grupo: Crimes contra a fé pública	3932
Grupo: Crimes contra a Administração Pública	1694
Grupo: Crimes praticados por particular contra a Administração Pública	947

Fonte: Brasil, 2019e, p. 17.

Verificamos, então, que 51,84% dos homens estão presos pela prática de crimes contra o patrimônio, seguidos de 19,17% por crimes relacionados ao tráfico de drogas, 17,5% por crimes praticados contra a pessoa, e 4,92% relacionado à prática de crimes previstos em legislação específica, seguidos de outros com menores incidências (Brasil, 2019e).

Ao compararmos os delitos praticados por homens e por mulheres, constatamos que, entre os crimes contra o patrimônio e os delitos relacionados ao tráfico de entorpecentes, estes ocupam o primeiro lugar entre as mulheres, conforme gráfico que será demonstrado oportunamente, ou seja, o inverso do que ocorre com os homens.

— 5.1 —

Perfil da população carcerária no Brasil de acordo com o Banco Nacional de Monitoramento de Prisões

Com relação ao efetivo controle da população carcerária brasileira e seu perfil, é importante ressaltar a criação, pelo Conselho Nacional de Justiça (CNJ), do Banco Nacional de Monitoramento das Prisões (BNMP 2.0), após o advento da Lei n. 12.403/2011, que alterou dispositivos no Código de Processo Penal (CPP) – Decreto-Lei n. 3.689, de 3 de outubro de 1941 (Brasil, 1941) –, em especial no que se refere aos tipos de prisões. Com isso, houve o acréscimo do art. 289-A, que assim estabeleceu: "O Juiz competente providenciará o imediato registro do mandado de prisão em banco de dados mantido pelo Conselho Nacional de Justiça para essa finalidade" (Brasil, 1941).

Considerando as várias modificações no decreto processual penal, o BNMP 2.0 foi instaurado com o objetivo de cadastrar os presos privados de liberdade no país. A diferença entre os números apresentados pelas estatísticas e as informações constantes nesse banco de monitoramento e cadastro de presos reside nos dados judiciais, uma vez que este tratará de presos que tem vínculo com o Judiciário em cumprimento de pena nos regimes fechado, semiaberto ou aberto. Por outro lado, as estatísticas, em regra, envolvem números gerais, incluindo presos provisórios.

Aqueles incluídos no BNMP 2.0 já terão passado pelo Judiciário, bem como receberão, para fins de registro individual, um número que os identificará para fins de benefícios oriundos da LEP, ou, ainda, para cumprimento de mandados de prisão ou sentenças de outros processos a que esteja o preso vinculado (Montenegro, 2018). Especificamente nesse registro individual, ao qual podemos nos referir como um *prontuário eletrônico*, nos termos do art. 7º da Resolução n. 251, de 4 de setembro de 2019, do CNJ, serão incluídos documentos como:

> I – mandado de prisão;
>
> II – certidão de cumprimento de mandado de prisão;
>
> III – contramandado de prisão;
>
> IV – alvará de soltura ou ordem de liberação;
>
> V – mandado de internação;
>
> VI – certidão de cumprimento de mandado de internação;
>
> VII – contramandado de internação;
>
> VIII – ordem de desinternação;
>
> IX – guia de recolhimento provisória ou definitiva;
>
> X – guia de internação provisória ou definitiva;
>
> XI – guia de recolhimento;
>
> XII – guia de internação;
>
> XIII – certidão de arquivamento da guia;
>
> XIV – certidão da extinção de punibilidade por morte. (CNJ, 2018c)

Na mesma resolução, podemos encontrar outras informações relevantes quanto ao procedimento e ao registro de mandados de prisão.

Constatamos uma evolução na organização dos controles com relação aos números e dados correspondentes aos presos quando o assunto é aprimoramento de ordem nacional desses controles. Contudo, considerando a gravidade do cenário, bem com os relatórios apresentados nos últimos anos, requer-se muito mais quando se trata de gestão penitenciária e tratamento penal.

Diante dos números ora trazidos, há de se fazer uma reflexão sobre a atual forma de gestão penitenciária que vem sendo aplicada nos últimos anos. A LEP reúne uma série de direitos e deveres ao preso, bem como contempla ações para sua ressocialização baseadas em um tratamento penal digno para tanto. Contudo, deixa a desejar não quanto ao conteúdo, mas no que se refere à sua aplicação pelos estados e seus governantes, que, por várias razões, obstáculos e outras prioridades, menosprezam a questão relativa ao sistema penitenciário.

Um dos problemas do sistema penitenciário, tendo em vista o constante crescimento da população carcerária, é o controle de presos. As prisões provisórias, as sentenças, as progressões de regime e outras situações que envolvem a entrada e a saída de presos do sistema prisional sofrem oscilações e, por isso, os números precisos tornam-se prejudicados, ou seja, ficam somente na estimativa.

Desse modo, em 2016, providências foram requeridas pelo Supremo Tribunal Federal (STF) no sentido de melhorar esse tipo de controle considerando o cenário nacional, designando essa incumbência nos seguintes termos:

> declarou o estado de coisas inconstitucional em que estava o sistema penitenciário e determinou providencias, algumas encaminhadas a este Conselho Nacional de Justiça. E no julgamento do Recurso Extraordinário n. 641.320/RS foi destacada a necessidade de urgentes providencias administrativas, alguma de competência do Poder Executivo, mas outras do Poder Judiciário, em especial, competindo ao Conselho Nacional de Justiça a criação de eficiente e exato cadastro nacional de presos. (CNJ, 2018a, p. 9)

Diante de tal solicitação, o CNJ desenvolveu esse trabalho visando mapear a situação dos encarcerados no Brasil, em especial quantos são os presos, por quais motivos estão na prisão, em que condições cumprem pena e outros pormenores necessários ao controle de presos no Brasil.

A seguir, vejamos um breve panorama da atual situação carcerária no Brasil nos termos do BNMP 2.0 (CNJ, 2018a).

Mapa 5.1 – Presos da Justiça Estadual – 2018

Fonte: Montenegro, 2018.

Gráfico 5.3 – Perfil dos presos brasileiros – 2018

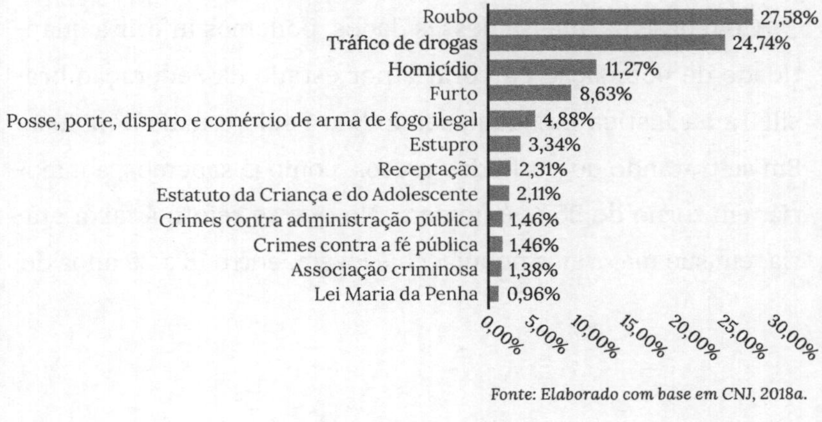

Fonte: Elaborado com base em CNJ, 2018a.

Gráfico 5.4 – Faixa etária da população prisional – 2018

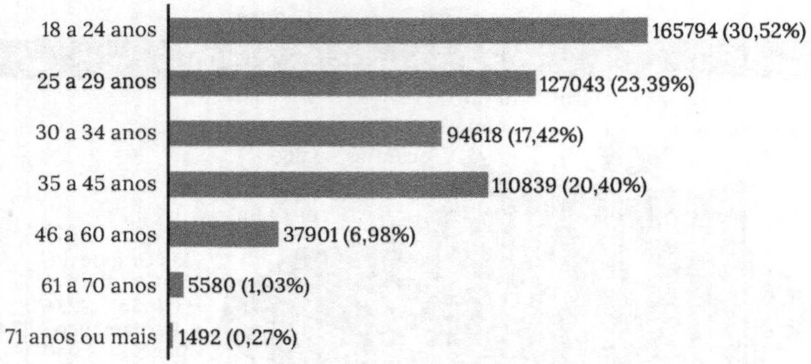

Fonte: CNJ, 2018a, p. 52.

Figura 5.5 – Dados processuais dos presos – 2018

Natureza penal		Presos condenados por tipo de regime	
40%	são presos provisórios	**74%**	em regime fechado
24%	são condenados em execução provisória	**24%**	em regime semiaberto
35%	são condenados em execução definitiva	**1%**	em regime aberto

Fonte: Justiça Federal, 2018.

Com base na análise desses dados, podemos inferir a quantidade de população carcerária por estado da Federação brasileira na Justiça Estadual, sendo São Paulo o mais populoso. Em se tratando do perfil dos presos, como já sabemos, a maioria, em torno de 95%, é homem. No que se refere à faixa etária, em sua maioria, a população é jovem, entre 18 a 29 anos de idade. Quanto à natureza penal dos regimes, considerando provisórios e condenados, 74% dos condenados cumprem pena em regime fechado e 40% dos presos são provisórios, ou seja, não têm condenação, ainda que provisória (CNJ, 2018a).

Todavia, não é de se olvidar que tal tema é de tamanha importância para o desenvolvimento da sociedade brasileira e para a redução da criminalidade no Brasil, considerando os altos índices de reincidência e o aumento gradativo da população carcerária. É preciso rever a forma de administração prisional, os agentes penitenciários e suas condições de trabalho, a maneira como estão sendo implementadas as várias assistências previstas na LEP, bem como os recursos disponibilizados para o sistema penitenciário, além da preparação do sentenciado para seu retorno à sociedade, de modo a não mais voltar a delinquir e novamente vir a compor os números e as estatísticas apresentados nos últimos relatórios carcerários.

Destacamos, ainda, a relevância desse relatório e da continuidade desse trabalho do Conselho Nacional de Justiça juntamente aos demais órgãos do Judiciário e da Segurança Pública para que continuemos a ter um real panorama da situação carcerária no Brasil, bem como a consequente implementação de políticas públicas que venham a contribuir na ressocialização dos presos, e, ainda, de um modo ou de outro, reduzir o número de encarcerados no país.

— 5.2 —

Rebeliões no sistema carcerário e suas motivações

Um dos grandes problemas no sistema carcerário são as rebeliões que acontecem em presídios, delegacias e unidades prisionais. Não são incomuns, em especial entre o final e o início do ano, as situações de desordem no sistema penitenciário brasileiro, nas quais o cenário é de guerra.

Vários são os fatores que influenciam esse tipo de ação, que, sem sombra de dúvidas, resulta em uma reação, a qual, em regra, nunca é a ideal para situações de conflito, sobretudo quando envolvem presos de facções criminosas divergentes. Sabemos que há muito os presos detêm o controle do sistema penitenciário, inclusive, por intermédio de aparelhos celulares na maioria das unidades da Federação brasileira. O Código Penal – Decreto-Lei n. 2.848, de 7 de dezembro de 1940 – previu punição para a entrada de celular nos estabelecimentos penais, nos seguintes termos:

> 349-A. Ingressar, promover, intermediar, auxiliar ou facilitar a entrada de aparelho telefônico de comunicação móvel, de rádio ou similar, sem autorização legal, em estabelecimento prisional.
>
> Pena: detenção, de 3 (três) meses a 1 (um) ano. (Brasil, 1940)

Entretanto, pelo que se tem presenciado, a fiscalização e a punição disciplinar e penal não impedem a entrada de tais aparelhos por diversos meios, incluindo advogados, familiares e funcionários das próprias unidades penais.

Quanto aos fatos que suscitam rebeliões, entre os principais estão a revolta dos presos por estarem muito distante de seus familiares, as más condições das unidades prisionais juntamente à superlotação carcerária, que é o motivo mais evidente. A superlotação carcerária pode ser visualizada no Gráfico 5.5, com o déficit de 312.925 vagas no sistema carcerário.

Gráfico 5.5 – População prisional, déficit e vagas – jul./dez. 2019

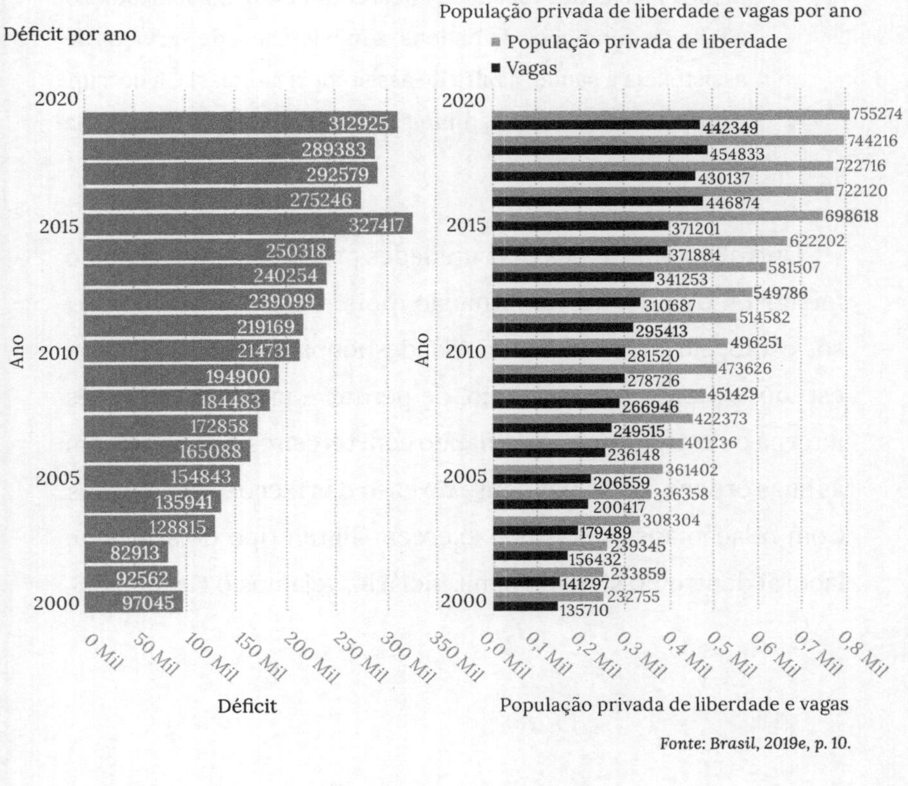

Fonte: Brasil, 2019e, p. 10.

A defasagem entre o número de indivíduos aprisionados e a quantidade de vagas no sistema penitenciário ocasiona a superlotação carcerária, que, ao lado de outros motivos, gera todo tipo de transgressão às normas de atendimento aos direitos individuais e coletivos dos cidadãos, como bem esclarece Salla (2001, p. 20):

> A violência no interior das prisões brasileiras, ao longo das décadas de 1980 e 1990, tem sido o resultado de um conjunto bastante conhecido de aspectos: a deteriorização das condições físicas dos locais de encarceramento, a superlotação, a falta de condições de higiene, a inexistência de serviços de assistência à saúde, a falta de assistência judiciária, a corrupção e a incompetência administrativa, além da constância na prática de tortura.

Outro motivo é o ócio nas unidades prisionais. Não há como fechar os olhos para tal situação, pois, uma vez que os presos estão, em sua grande maioria, desocupados do trabalho ou estudo, ocupam-se, por óbvio, de pensar e praticar maldades interna ou extramuros, articulando com terceiros que obedecem às suas ordens, principalmente no caso das facções criminosas. Com relação aos presos que exercem algum tipo de atividade laboral dentro do sistema penitenciário, vejamos o Gráfico 5.6.

Gráfico 5.6 – População prisional em programa laboral – jul./dez. 2019

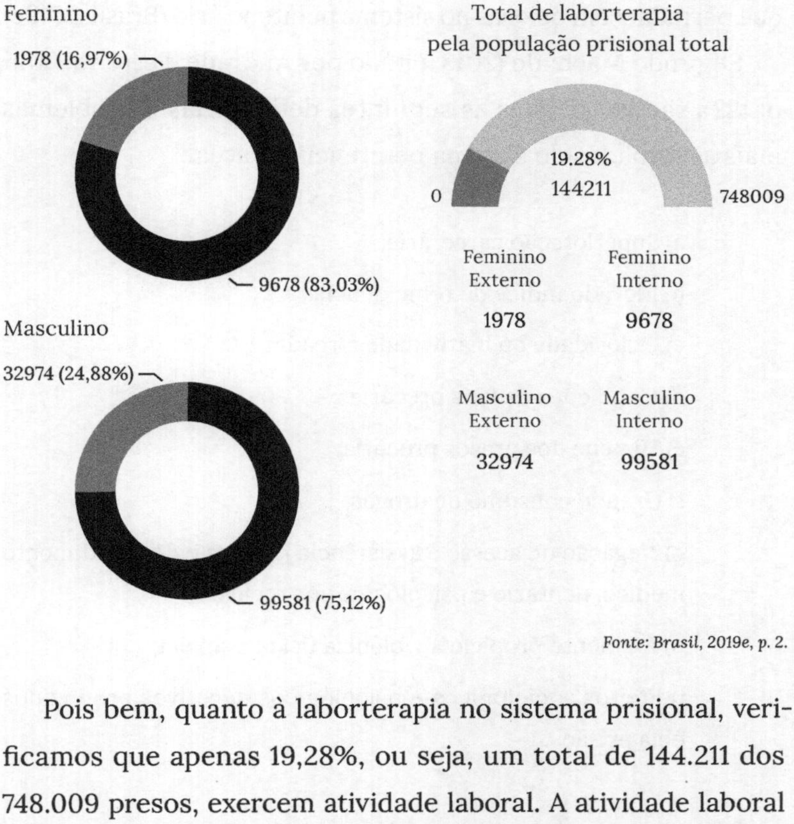

Fonte: Brasil, 2019e, p. 2.

Pois bem, quanto à laborterapia no sistema prisional, verificamos que apenas 19,28%, ou seja, um total de 144.211 dos 748.009 presos, exercem atividade laboral. A atividade laboral interna é realizada por 75,12% dos homens e 83,03% das mulheres. Já as atividades externas são realizadas por 24,88% dos homens e 16,97% das mulheres. As atividades internas são executadas em canteiros de trabalhos implementados pelo Estado ou por empresas privadas, ao passo que as atividades externas, normalmente, estão vinculadas às obras ou à prestação de serviços a órgãos públicos, nos termos do art. 34, parágrafo 3º, da

LEP. Não obstante haja essa quantidade de presos trabalhando, ainda é insignificante perante a quantidade de pessoas presas que permanecem ociosas no sistema penitenciário (Brasil, 2019e).

Segundo Machado (2013, citado por Andrade; Ferreira, 2015, p. 122), são verificadas as seguintes deficiências e problemas mais acentuados do sistema penitenciário atual:

a) Superlotação carcerária;

b) Elevado índice de reincidência;

c) Ociosidade ou inatividade forçada;

d) Condições de vida precárias;

e) Higiene dos presos precária;

f) Grande consumo de drogas;

g) Negação de acesso à assistência jurídica e de atendimento médico, dentário e psicológico aos reclusos;

h) Ambiente propício à violência física e sexual;

i) Efeitos sociológicos e psicológicos negativos produzidos pela prisão.

Diante dos principais problemas apontados como razões óbvias e causadoras das rebeliões e dos motins, há claramente a necessidade de tomar providências para que o objetivo da LEP seja cumprido. Nesse sentido, os presídios federais têm contribuído para minimizar tal situação, na medida em que as "penitenciárias federais ajudam a diminuir as rebeliões em presídios estaduais e se constituem "instrumentos para desarticular o crime organizado", e que o sistema penitenciário "é vocacionado para ser uma medida excepcional, temporária e para custodiar líderes de facções criminosas", de acordo com Fabiano Bordignon, diretor-geral do Departamento Penitenciário Nacional (Depen) (Brasil, 2019d).

Essa atuação das penitenciárias federais consiste em receber os presos, líderes de facções criminosas, nos presídios federais, que, notoriamente, tem muito mais condições de atender às demandas, considerando o perfil dessas unidades, bem como o controle efetivo e as próprias condições estruturais, contemplando-se um número de presos infinitamente menor que no sistema carcerário estadual.

A exemplo do que deveria ser nas penitenciárias estaduais, "o Sistema Penitenciário Federal tem como principal característica cumprir a Lei de Execução Penal com o rigor necessário, observando os direitos e garantias previstos na legislação, tratando isonomicamente todos os internos" (Brasil, 2019d).

Desse modo, com uma atuação muito mais controlada nas unidades federais, bem como de seus agentes, aliada a procedimentos mais rigorosos de segurança, a tendência, como se tem percebido, com a transferência de líderes de facção das penitenciárias estaduais para as federais, é de redução do número de rebeliões, eis que a comunicação fica extremamente prejudicada, ou seja, praticamente impossível entre os presos das unidades penais.

— 5.3 —
População carcerária feminina e suas peculiaridades

Apesar do crescimento da população carcerária feminina nos últimos anos, as presidiárias ainda são minoria em relação à quantidade de presos do sexo masculino em qualquer sistema carcerário do mundo. A preocupação com a adequada acomodação das presidiárias relaciona-se a questões peculiares femininas, como maus tratos, abuso sexual e problemas de saúde. As crianças também se constituem em fator de preocupação, pois, quando da prisão do pai, em regra, ficam com a mãe, os avós ou os familiares. No entanto, ressaltamos que, em muitos casos, pai e mãe estão presos, piorando assim as condições de educação e de apoio a essas crianças, que desde tenra idade começam a conviver com a criminalidade. Considerando o perfil do preso e a estrutura das prisões, verificamos que estas tendem a ser construídas, preferencialmente, com base na necessidade e nos requisitos para o atendimento ao preso do sexo masculino. No Brasil, é possível encontrar algumas poucas unidades prisionais femininas construídas para receber as mulheres. É até comum, podemos assim dizer, que nos deparemos com locais que são uma adaptação da prisão masculina para acolher presas, denominadas *prisões mistas*, visto que há apenas uma separação de celas ou galerias, e não uma construção propriamente dita. No Gráfico 5.7, podemos confirmar a divisão entre presos e presas nas unidades prisionais e a natureza dos estabelecimentos onde cumprem pena assim distribuídos: 83,6% da população carcerária cumpre pena em estabelecimento masculino; 12,61% em estabelecimento misto; e apenas 3,79% das mulheres cumprem pena em estabelecimento feminino (Brasil, 2019e).

Gráfico 5.7 – População prisional por tipo de estabelecimento

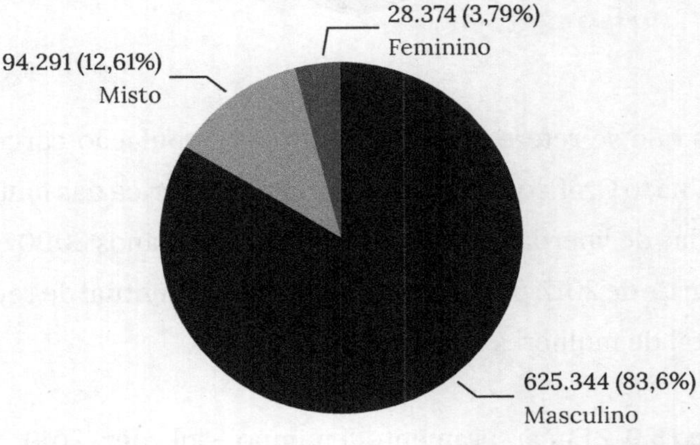

Fonte: Brasil, 2019e, p. 16.

Quando se compara o percentual da população carcerária masculina e feminina considerando até dezembro de 2019, excluídos os dados da Segurança Pública (Depen Nacional), temos os seguintes números: de um total de 748.009 presos, 36.929 (4.94%) são mulheres e 711.080 (95,06%) são homens, conforme demonstra o Gráfico 5.8 (Brasil, 2019e).

Gráfico 5.8 – População carcerária por gênero – jul./dez. 2019

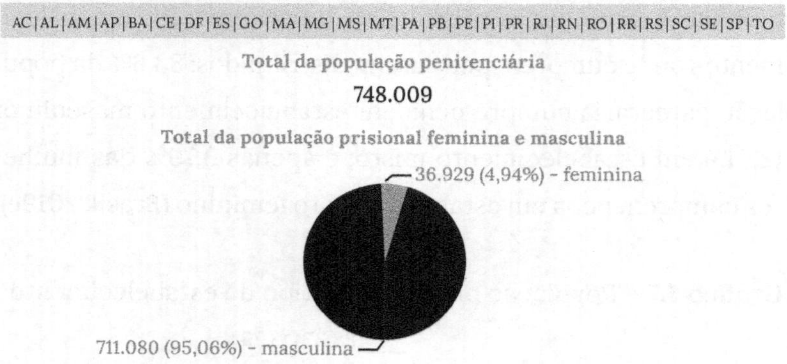

Fonte: Brasil, 2019e, p. 15.

No que se refere ao crescimento da população carcerária feminina, o Gráfico 5.9 apresenta a série histórica das mulheres privadas de liberdade, precisamente entre os anos 2000 e 2016, e, a partir de 2017, podemos verificar um percentual de redução no total de mulheres encarceradas.

Gráfico 5.9 – Encarceramento feminino – jul./dez. 2019

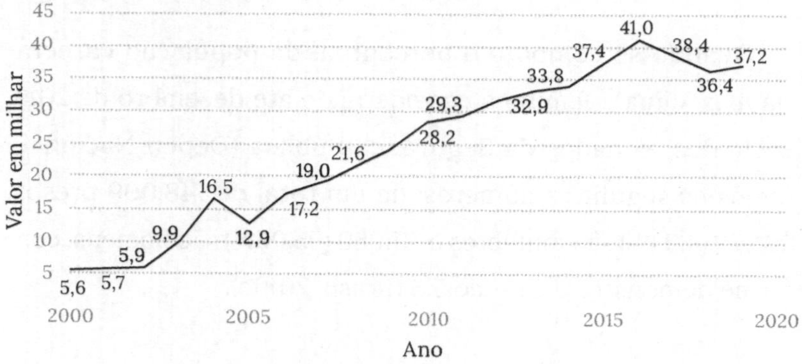

Fonte: Brasil, 2019e, p. 2.

A informação constante no Gráfico 5.10 contém dados sobre a quantidade de incidências por tipo penal a que as custodiadas estão submetidas.

Gráfico 5.10 – Mulheres por categoria – Quantidade de incidências por tipo penal

Período de julho a dezembro de 2019
(*) Por tipificação

Mulheres por categoria: quantidade de incidências por tipo penal

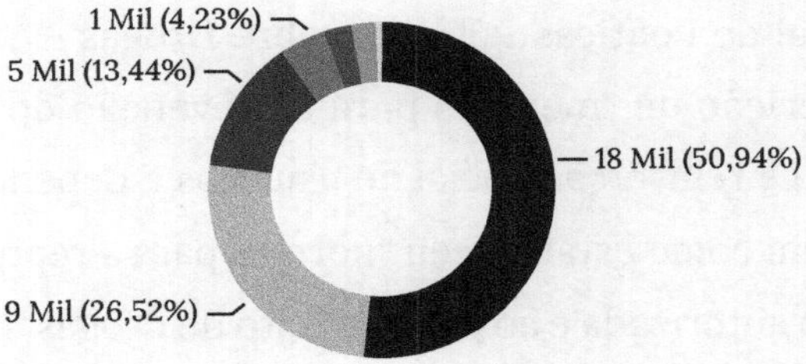

Categoria: quantidade de incidências por tipo penal	Mulheres
Grupo: Drogas (Lei 6.368/76 e Lei 11.343/06)	17506
Grupo: Crimes contra o patrimônio	9114
Grupo: Crimes contra a pessoa	4617
Grupo: Legislação específica (outros)	1452
Grupo: Crimes contra a paz pública	789
Grupo: Crimes contra a dignidade sexual	616
Grupo: Crimes contra a fé pública	176
Grupo: Crimes contra a Administração Pública	60
Grupo: Crimes praticados por particular contra a Administração Pública	35

Fonte: Brasil, 2019e, p. 9.

Com base nos dados, é possível verificar que 50,94% das mulheres estão presas pela prática de crimes relacionados a tráfico de drogas, seguidos de 26,52% por crimes contra o patrimônio; 13,44% por crimes praticados contra a pessoa; e 4,23% relacionados à prática de crimes previstos em legislação específica, seguidos de outros já citados com menores incidências (Brasil, 2019e).

Ainda sobre o aumento do encarceramento feminino nos últimos anos, este encontra justificativa, em especial, após o advento da Lei n. 11.343, de 23 agosto de 2006, que instituiu "o Sistema Nacional de Políticas Públicas sobre Drogas – Sisnad", trouxe a prescrição de "medidas para a prevenção do uso indevido, atenção e reinserção social de usuários e dependentes de drogas", bem como estabeleceu "normas para a repressão à produção não autorizada e ao tráfico ilícito de drogas" (Brasil, 2006b).

O Gráfico 5.11 demonstra a faixa etária das mulheres presas no sistema carcerário brasileiro.

Gráfico 5.11 – Faixa etária das mulheres privadas de liberdade no Brasil – 2017

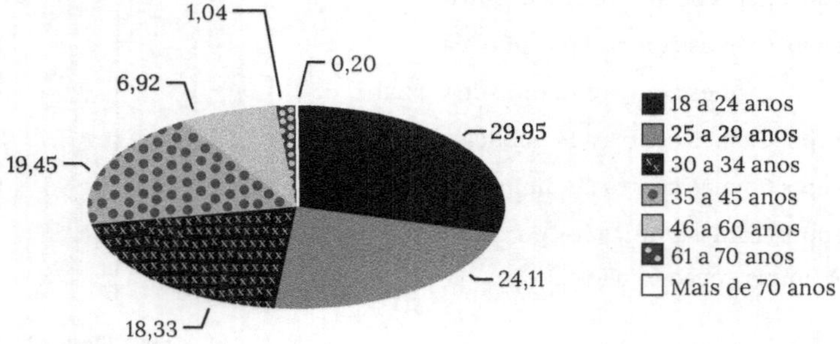

Fonte: Silva, 2017, p. 30.

Quanto à faixa etária das mulheres presas no Brasil, constatamos "que a maior parte é composta por jovens" (Silva, 2017, p. 30). Destas, "29,9% possuem entre 18 a 24 anos, seguido de 24,1% entre 25 a 29 anos e 19,4% entre 35 a 45 anos. Somados ao total de presas até 29 anos de idade totalizam 54% da população carcerária (Silva, 2017, p. 29).

No que se refere ao grau de escolaridade, o Gráfico 5.12 mostra os dados relativos às mulheres presas no Brasil no primeiro semestre de 2017.

Gráfico 5.12 – Escolaridade das mulheres privadas de liberdade no Brasil – 2017

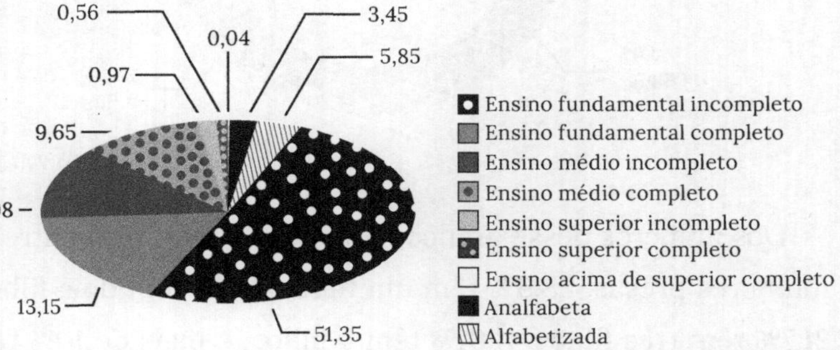

Fonte: Silva, 2017, p. 34.

Com base nos dados, verificamos que 51,35% das mulheres privadas de liberdade no Brasil têm ensino fundamental incompleto; 14,98% têm ensino médio incompleto; 9,65% têm ensino médio completo; e apenas 0,56% das presas têm ensino superior completo (Silva, 2017).

A respeito da quantidade de filhos de mães presas no sistema penitenciário brasileiro, vejamos o Gráfico 5.13.

Gráfico 5.13 – Número de filhos das mulheres encarceradas – 2017

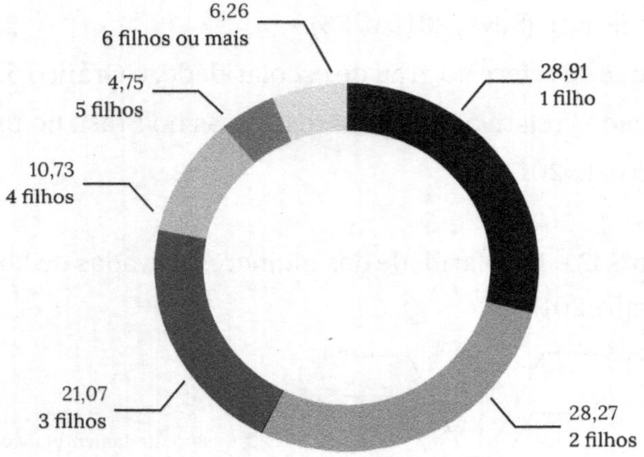

Fonte: Silva, 2017, p. 43.

Dos números desse gráfico, podemos extrair que, entre as mulheres presas, 28,9% têm um filho; 28,7% têm dois filhos; 21,7% têm três filhos; 11,01% têm 4 filhos, e mais de 10% têm entre 5 e 6 filhos (Silva, 2017).

Desse modo, resta claro que, considerando o cenário das prisões brasileiras, é de extrema relevância que as regras mínimas para o tratamento de pessoas presas sejam mantidas, bem como os estabelecimentos prisionais para mulheres devem ser revistos no sentido de avaliar se as acomodações são necessárias e suficientes ao adequado cumprimento da pena, em especial, para presas que têm filhos menores ou problemas de saúde. Também é imprescindível lembrar que, no Brasil, as mulheres são, na maioria dos casos, as líderes familiares e, diante de sua prisão, não raro, a família fica totalmente desestruturada.

Nesse sentido, Coyle (2002, p. 151) preceitua:

> Na maioria das sociedades, as mulheres são as principais responsáveis pela família, principalmente quando têm filhos. Isso significa que, quando uma mulher é privada de liberdade, as consequências para a família podem ser imensas. Quando um pai é condenado à prisão, a mãe em geral assume suas responsabilidades junto à família, além das suas próprias. Quando a mãe é presa, o pai, que ficou com a família, em geral enfrenta enormes dificuldades em assumir todas as obrigações da paternidade, principalmente se não houver apoio do restante da família. Muitas vezes, a mãe é a chefe da família. Tudo isso leva à necessidade de uma estrutura especial para garantir às presidiárias a possibilidade de manter um contato realmente próximo com seus filhos.

Essas mulheres necessitam atenção urgente, pois, além da consequência de sua privação de liberdade, sabemos que vêm junto a desagregação familiar, a perda dos filhos, a desorientação destes e o inevitável envolvimento dessas crianças e desses jovens com o mundo da criminalidade, a exemplo de seus pais. Há casos em que os dois são presos, e o cuidado com os filhos, especialmente os menores, fica ainda mais prejudicado.

— 5.4 —

Principais deficiências na gestão do sistema carcerário e no cumprimento adequado da lei

Considerando os números apresentados, bem como o excessivo aumento da população carcerária nos últimos anos, aliados à reincidência, que é fruto da não ressocialização dos presos, é possível afirmar que está na hora de rever, além de outros fatores, o modelo de gestão e de administração penitenciária.

O Estado, até o momento, não demonstrou a implementação de políticas públicas eficazes quando o assunto é sistema carcerário. Portanto, as prisões, no modelo que se apresentam, não têm o condão de recuperar o encarcerado. As finalidades retributiva e preventiva inicialmente propostas não fazem mais tanto sentido. Diante do panorama atual, constatamos que as péssimas condições de encarceramento, aliadas às práticas punitivas, à falta de trabalho e de uma política contínua e eficaz de implementação da própria LEP, levam os problemas prisionais a perpassar os muros das penitenciárias, atingindo diretamente a sociedade, uma vez que o preso hora ou outra virá ocupar novamente um lugar no convívio social, quer se queira, quer não.

A forma estrutural como são compostas as unidades prisionais, em vez de separar os presos, como propõe a própria lei, fazem com que estes permaneçam cada vez mais unidos. Esse convívio oportuniza a articulação de outros delitos e aumenta a sintonia entre os criminosos, além de ser incontrolável, propiciando o crescimento dos grupos e facções criminosas.

O ócio é mais um problema que assola os presídios brasileiros. A escassez da oferta de serviços e de atividades profissionalizantes assola as unidades penais. Nesse sentido, os preceitos das leis e as promessas feitas sobre o tema *disciplinamento* e a capacitação ou a ocupação pelo trabalho não se tornou realidade. Ademais, o sistema prisional foi poluído nos últimos anos pela formação das facções criminosas, que inserem seus representantes em várias unidades penais da federação brasileira, principalmente com a transferências destes para outros locais em razão da ocorrência de rebeliões e motins.

Na teoria, as prisões são um lugar onde se deve promover a segurança, a justiça e o convívio social, com vistas à reinserção do condenado na sociedade. Todavia, o que podemos averiguar, na realidade, é que o sistema carcerário não cumpre, como leciona Aguirre (2009, p .42), "suas promessas de higiene, trato humanitário aos presos e eficácia para combater o delito, bem como de regeneração dos delinquentes".

Diante da classificação do Brasil como um dos países que atualmente conta com uma população carcerária significativa, urge ao governo brasileiro rever o modelo de gestão prisional que está sendo aplicado, bem como utilizar-se de pesquisas, dados, levantamentos, relatórios e informações para programar e implementar, com a máxima urgência, políticas adequadas visando às melhorias no encarceramento, bem como a redução do número de presos, por intermédio de um trabalho em conjunto com órgãos da Segurança Pública.

Existem dois graves problemas dentro da prisão e fora dela. No primeiro caso, temos as mazelas que assolam o sistema carcerário. No segundo, há o desafio de reduzir a criminalidade e mudar o curso da história. Não se trata, necessariamente, de alterar a LEP ou de criar novas leis, mas sim, e principalmente, de rever o sistema com base em um novo modelo de gestão prisional, de modo a implementar uma política de melhorias nos serviços penais.

O fato é que, tendo em vista as atuais condições apresentadas pela maioria das unidades prisionais do Brasil, não há como dar efetivo cumprimento à LEP. Há impedimentos de ordens material e pessoal. No primeiro caso, verificamos a falta de estrutura relativa à construção e a reparos prediais, bem como a falta de materiais para dar suporte necessário e adequado tanto aos funcionários quanto aos presos. No segundo caso, há ausência de pessoal, ou seja, falta corpo técnico especializado com condições de atender às políticas de assistência na gestão prisional, como assistências à saúde, jurídica, educacional, religiosa e ao egresso e, principalmente, implementação de canteiros de trabalho que visem à capacitação do preso para que este tenham condições de se reinserir na sociedade quando em liberdade. Muitas melhorias precisam ser efetuadas, além da revisão e da implementação de políticas atinentes ao sistema penitenciário, para que o cenário possa ser alterado nos próximos anos.

Capítulo 6

Modelos de peças utilizadas na execução penal

Neste capítulo, nosso objetivo é trazer alguns modelos que possam servir de referência e ilustrar a aplicação prática da parte teórica aqui já tratada. Atualmente, há inúmeros modelos que poderão ser seguidos, bem como a forma personalizada que pode ser adotada pelos profissionais quando o assunto se trata de peças processuais. Passemos, então, a cada uma das peças a serem utilizadas para pleitear os direitos dos presos, bem como suas defesas e seus recursos, aos quais fizemos referência nos capítulos anteriores.

— 6.1 —
Remição de pena

Confira, nesta seção, dois modelos de peças processuais para requerer: remição de pena por trabalho e remição de pena por estudo ou curso profissionalizante.

— 6.1.1 —
Remição de pena por trabalho

Previsão do tema e requisitos legais: arts. 28 a 37 e 126 a 130 da Lei de Execução Penal (LEP – Lei n. 7.210, de 11 de julho de 1984 (Brasil, 1984).

EXCELENTÍSSIMO SENHOR DOUTOR JUIZ DE DIREITO DA __ VARA DE EXECUÇÕES PENAIS DA COMARCA DE ________ - ESTADO ________

CADASTRO N. _________

FULANO DE TAL, filho de ______ e de ______, ora cumprindo pena na Penitenciária ________ do Estado do ______, vem, mui respeitosamente, perante Vossa Excelência, por intermédio da advogada ao final assinada, com fulcro no art. 126 da Lei de Execuções Penais, inciso ___, requerer:

REMIÇÃO DE PENA

o que faz pelas razões a seguir aduzidas.

I - DOS DIAS TRABALHADOS

A requerente laborou na Penitenciária __________, em diversos canteiros de trabalho no período de ___/___/2020 a ___/___/2020, e continua a trabalhar até a presente data.

Conforme se infere do atestado de n. _____/2020, perfez um total de 694 (seiscentos e noventa e quatro) dias trabalhados, tendo, portanto, 231 (duzentos e trinta e um) dias por remir.

II - DOS REQUISITOS LEGAIS

A sentenciada preenche o requisito subjetivo, uma vez que apresenta bom comportamento carcerário, atestado pelo Diretor da Unidade Penal (doc. Anexo).

A Lei de Execução Penal descreve, em seu art. 126, que: "O condenado que cumpre a pena em regime fechado ou semiaberto poderá remir, por trabalho ou por estudo, parte do tempo de execução da pena [...] II–1 (um) dia de pena a cada 3 (três) dias de trabalho".

A sentenciada perfez um total de 694 (seiscentos e noventa e quatro) dias trabalhados, tendo, portanto, 231 (duzentos e trinta e um) dias por remir.

Sobre o correto procedimento na contagem dos dias remidos, já se manifestou o Superior Tribunal de Justiça:

> HABEAS CORPUS. EXECUÇÃO PENAL. REMIÇÃO. CÁLCULO DOS DIAS REMIDOS.
>
> DESCONTO DO TEMPO DE PENA A CUMPRIR. IMPOSSIBILIDADE. INTERPRETAÇÃO PREJUDICIAL AO APENADO. TEMPO DE PENA EFETIVAMENTE CUMPRIDO.
>
> 1. Os dias declarados remidos devem ser computados como dias de pena efetivamente cumpridos, conforme orientação mais favorável ao preso, adotada de forma pacífica por esta Corte.
>
> 2. Habeas corpus não conhecido. Ordem concedida, de ofício, a fim de determinar que os dias declarados remidos sejam computados como pena efetivamente cumprida. (STJ. HC n. 236.101/SP. Rel. Ministro Campos Marques, Quinta Turma, julgado em 16/10/2012, DJe de 19/10/2012)

Portanto, em se tratando da contagem da pena oriunda da remição, o entendimento jurisprudencial é no sentido de que os 231 (duzentos e trinta e um) dias remidos deverão ser somados ao tempo da pena já cumprida.

III - DO PEDIDO

ISTO POSTO, REQUER, digne-se Vossa Excelência, nos termos dos art. 66, inciso III, alínea "c", e do art. 126, parágrafo 1º, todos da Lei de Execução Penal, após parecer do Ilustre Representante do Ministério Público, considerando o período trabalhado de 694 (seiscentos e noventa e quatro) dias, à razão de um dia de pena para cada 3 (três) dias de trabalho, **declarar remidos 231 (duzentos e trinta e um) dias) dias de pena, que deverão ser somados ao tempo da pena já cumprida,** procedendo-se no extrato de cumprimento de pena às retificações necessárias, por ser medida de DIREITO e JUSTIÇA.

Nestes termos,

pede deferimento.

___________, _____de ________de 2020.

____

OAB/PR n. _____________

— 6.1.2 —

Remição de pena por estudo ou curso profissionalizante

Previsão do tema e requisitos legais: arts. 28 a 37; 126 e parágrafos a 130 da LEP e Súmula n. 341, de 27 de junho de 2007, do Superior Tribunal de Justiça (STJ, 2007).

— 6.2 —

Progressão de regime

Confira, nesta seção, dois modelos de peças processuais para requerer: progressão de regime semiaberto e progressão de regime semiaberto harmonizado.

— 6.2.1 —

Progressão de regime semiaberto

Previsão do tema e requisitos legais: art. 33, parágrafo 2º, do Código Penal – Decreto-Lei n. 2.848, de 7 de dezembro de 1940 (Brasil, 1940) – e art. 112, inciso III, parágrafos 1º e 2º, da Lei n. 7.210/1984 (LEP), com a redação dada pela Lei n. 13.964, de 24 de dezembro de 2019 (Brasil, 2019c).

EXCELENTÍSSIMO SENHOR DOUTOR JUIZ DE DIREITO DA ___ VARA DE EXECUÇÕES PENAIS DA COMARCA DE __________ - ESTADO __________

CADASTRO N. __________

FULANO DE TAL, filho de _________ e de _________, ora cumprindo pena na Penitenciária ____________, vem, mui respeitosamente, perante Vossa Excelência, por intermédio da advogada ao final assinada, com fulcro no art. 126, parágrafo ___ e inciso ___ da Lei de Execuções Penais, requerer:

REMIÇÃO DE PENA

o que faz pelas razões a seguir aduzidas.

I – DA FREQUÊNCIA EM CURSO FORMAL

O requerente participou dos Cursos de Trabalhador na Floricultura – Básico em floricultura e de Jardineiro – Implementação e Manutenção, realizados pelo Serviço Nacional de Aprendizagem Rural (Senar) em parceria com a Federação da Agricultura do Estado do Paraná (Faep), no período de ___/___/____ a ___/___/____ e de ___/___/____ a ___/___/____, respectivamente, com carga horária no total de **48 (quarenta e oito) horas-aula.**

II – DOS REQUISITOS LEGAIS

O requerente preenche o requisito subjetivo, uma vez que apresenta bom comportamento carcerário, atestado pelo Diretor da Unidade Penal (doc. Anexo).

Sobre a remição de pena por estudo ou cursos profissionalizantes, não há mais discussões uma vez que a Lei de Execução Penal regulamentou a questão nos seguintes termos:

> Art. 126. O condenado que cumpre a pena em regime fechado ou semiaberto poderá remir, por trabalho ou por estudo, parte do tempo de execução da pena.
>
> § 1º A contagem de tempo referida no caput será feita à razão de:
>
> I – 1 (um) dia de pena a cada 12 (doze) horas de frequência escolar-atividade de ensino fundamental, médio, inclusive

profissionalizante, ou superior, ou ainda de requalificação profissional-divididas, no mínimo, em 3 (três) dias;

Nesse sentido, ainda, a Súmula n. 341 do Superior Tribunal de Justiça assim determina: "A frequência a curso de ensino formal é causa de remição de parte do tempo de execução de pena sob regime fechado ou semiaberto".

Sobre o assunto manifestou-se o Tribunal de Justiça do Estado do Paraná, vejamos:

> RECURSO DE AGRAVO - REMIÇÃO - CURSO PROFISSIONALIZANTE - CERTIFICAÇÃO PELA AUTORIDADE EDUCACIONAL COMPETENTE DO CURSO FREQUENTADO - INTELIGÊNCIA DO ART. 126, § 2º, DA LEI DE EXECUÇÕES PENAIS - DECISÃO ACERTADA - RECURSO DA PROMOTORIA NÃO PROVIDO. A frequência aos cursos profissionalizantes para finalidade de remição de pena ficará condicionada a certificação pelo ente educacional competente do curso frequentado, a teor do previsto no art. 126, § 2º, da Lei de Execuções Penais. Recurso conhecido e não provido. (TJPR. 5ª Câmara Criminal, Acórdão n. 0000696-61.2018.8.16.0009; Rel. Desembargador Jorge Wagih Massad, julgado em 10/05/2018)

Portanto, preenchidos os requisitos legais, qualquer óbice não pode mais predominar, tendo em vista o interesse maior: aprendizagem em busca da ressocialização do sentenciado, nos termos da Lei de Execução Penal.

III – DO PEDIDO

ISTO POSTO, REQUER, digne-se Vossa Excelência, nos termos dos arts. 66, inciso III, alínea "c", e art. 126, parágrafos 1º e 2º, todos da Lei de Execução Penal, após parecer do Ilustre Representante do Ministério Público, considerando o período estudado de 48 (quarenta e oito) horas-aula, à razão de um dia de pena para cada 12 (doze) horas de estudo/curso, **declarar remidos 4 (quatro) dias que deverão ser somados ao tempo da pena já cumprida**, procedendo-se no extrato de cumprimento de pena as retificações necessárias, por ser medida de DIREITO e JUSTIÇA.

Nestes termos,
pede deferimento.

___________, _____de ________de 2020.

____

OAB/PR n. ____________

— 6.2.2 —

Progressão de regime semiaberto harmonizado

Previsão do tema e requisitos legais: art. 33, parágrafo 2º, do Código Penal e art. 112, inciso ___, parágrafos 1º e 2º, da Lei n. 7.210/1984, com a redação dada pela Lei n. 13.964/2019, Decreto Estadual n. 12.015/2014 e Lei n. 12.258/2010.

EXCELENTÍSSIMO SENHOR DOUTOR JUIZ DE DIREITO DA __ VARA DE EXECUÇÕES PENAIS DA COMARCA DE ________ - ESTADO ________

CADASTRO N. ________

FULANO DE TAL, filho de ______ e de ______, ora cumprindo pena na Penitenciária ________ do Estado do ______, vem, mui respeitosamente, perante Vossa Excelência, por intermédio da advogada abaixo firmada, com fulcro no art. 33, parágrafo 2º, do Código Penal e art. 112, inciso ___, parágrafos 1º e 2º, da Lei n. 7.210/1984, com redação dada pela Lei n. 13.964/2019, Decreto Estadual n. 12.015/2014 e Lei n. 12.258/2010.

REGIME SEMIABERTO HARMONIZADO

o que faz pelos motivos de fato e de direito a seguir expostos:

I - DA CONDENAÇÃO

O sentenciado foi condenado pela prática de crimes contra o patrimônio, sem violência ou grave ameaça, a uma pena total de 7 anos e 4 meses, conforme se pode verificar do extrato juntado aos autos.

II - DO PREENCHIMENTO DOS REQUISITOS LEGAIS

Da análise dos documentos relativos à permanência carcerária, vislumbra-se que o requisito objetivo se encontra satisfeito pelo sentenciado, uma vez que já cumpriu mais de 25% de sua pena, considerando que os delitos por ele praticados não contêm violência ou grave ameaça à pessoa, nos termos dispostos pela Lei de Execução Penal, que assim preceitua:

> Art. 112. A pena privativa de liberdade será executada em forma progressiva com a transferência para regime menos rigoroso, a ser determinada pelo juiz, quando o preso tiver cumprido ao menos: [...]
>
> III – 25% (vinte e cinco por cento) da pena, se o apenado for primário e o crime tiver sido cometido com violência à pessoa ou grave ameaça;

Considerando o preenchimento dos requisitos objetivos e subjetivos, poderia o sentenciado dar continuidade ao cumprimento de sua pena na Colônia Penal Agrícola, unidade penal própria para esse regime, não fosse a triste notícia que recebeu há dois meses quando de uma consulta médica no Complexo Médico Penal – Unidade de Saúde que atende presos do sistema penitenciário – de que está acometido de doença grave. Ao examinarem o apenado, os médicos presumiram algo estranho e o encaminharam para a realização de um exame mais aprofundado em hospital localizado na Capital. No referido exame, foi detectado que o paciente é portador de câncer no intestino com metástase no fígado (neoplasia maligna do trato intestinal – CID 10 C26), conforme documentos juntados.

Diante da gravidade de tal quadro, comprovado pela equipe médica que prestou e prescreveu a quimioterapia ao preso, associada ao uso de outros medicamentos, verifica-se que o apenado preenche o requisito para a concessão do regime semiaberto humanizado, considerando seu estado de saúde devidamente comprovado nestes autos de progressão de regime.

III - DA PREVISÃO LEGAL DA HARMONIZAÇÃO DE REGIME SEMIABERTO

Com a situação precária do sistema carcerário brasileiro, buscou-se alternativas para atenuar os problemas apresentados, em especial a superlotação carcerária, bem como para reduzir a violação aos direitos humanos, que, inclusive, foi objeto da ADPF n. 347 - ação de descumprimento de preceito fundamental -, na qual o STF declarou o "estado de coisas inconstitucional", considerando a violação generalizada dos direitos fundamentais do presos do sistema carcerário brasileiro, uma vez que, diante da forma com que os presos são tratados, não há como haver ressocialização.

O regime semiaberto harmonizado vem, então, como uma forma de atenuação da violação dos direitos e das garantias fundamentais, visto que a ausência de políticas penitenciárias adequadas ao encarceramento requer alternativas que, direta ou indiretamente, permitam a vigilância do Estado, ainda que por meios eletrônicos, procurando, assim, evitar a reincidência na prática de delitos, ao mesmo tempo em que promove a ressocialização dos apenados beneficiados com tal medida.

A harmonização do regime semiaberto na forma de prisão domiciliar ou de saída temporária no regime semiaberto, mediante uso de tornozeleira eletrônica, foi inserida na Lei de Execução Penal pela Lei n. 12.258/2010, que incluiu a possibilidade de utilização desse equipamento de vigilância indireta pelo condenado à pena privativa de liberdade, nos seguintes termos:

> Art. 146-B. O juiz poderá definir a fiscalização por meio da monitoração eletrônica quando: [...]
>
> II – autorizar a saída temporária no regime semiaberto;
>
> IV – determinar a prisão domiciliar;

Com relação aos deveres previstos na Lei de Execução Penal, os quais deverão ser observados pelo sentenciado durante o período em que estiver nessa condição, consistem nos seguintes:

> Art. 146-C. O condenado será instruído acerca dos cuidados que deverá adotar com o equipamento eletrônico e dos seguintes deveres:
>
> I – receber visitas do servidor responsável pela monitoração eletrônica, responder aos seus contatos e cumprir suas orientações;
>
> II – abster-se de remover, de violar, de modificar, de danificar de qualquer forma o dispositivo de monitoração eletrônica ou de permitir que outrem o faça;

No âmbito do Estado do Paraná, a matéria foi regulamentada pelo Decreto Estadual n. 12.015/2014, que instituiu a Central de Monitoração Eletrônica de Presos, com o objetivo de fiscalizar essa nova modalidade de cumprimento de pena, por intermédio da monitoração eletrônica. Nesse sentido, pronuncia-se o decreto:

> Art. 1º Fica criada no âmbito da Secretaria de Estado da Justiça, Cidadania e Direitos Humanos – SEJU – a Central de Monitoração Eletrônica, visando a aplicação das Leis Federais n. 12.258, de 15 de junho de 2010 e 12.403, de 04 de maio de 2011; Decreto Federal nº 7.627, de 24 de novembro de 2011 e demais disposições legais aplicáveis.
>
> § 2º **As indicações para que o juiz competente possa definir a fiscalização por meio da monitoração eletrônica dar-se-á em relação** aos presos passíveis de medida cautelar (art. 319, IX do Código de Processo Penal); **prisão domiciliar, quando não existente na comarca estabelecimento penal adequado ao cumprimento da pena em regime semiaberto ou na ausência de vagas**; nas situações previstas na Lei de Execução Penal e outras que sejam passíveis de monitoração, dentre estas aos idosos; deficientes; gestantes; portadores de doença grave e **aos autores de crimes praticados sem violência ou grave ameaça à pessoa.** (grifo nosso)

Da análise dos documentos juntados, observa-se que o requerente faz jus à medida, visto que os crimes cometidos não foram com violência ou grave ameaça à pessoa, bem como por ser portador de doença grave, ainda que fosse colocado na Colônia Penal Agrícola, não há estrutura para dar suporte ao seu tratamento. Ademais, o requisito subjetivo encontra-se preenchido e resulta demonstrado que o sentenciado não praticou falta disciplinar e que seu comportamento carcerário é classificado como **BOM**, de acordo com o que preceitua a Resolução n. 70, de 7 de julho de 2004, exarada pela Secretaria de Estado da Justiça e Cidadania do Estado do Paraná, a qual estabelece critérios para a avaliação de comportamento carcerário, nos seguintes termos:

> Art. 1º O comportamento carcerário do sentenciado recolhido em Unidade Penal sob a responsabilidade do Departamento Penitenciário, subordinado à Secretaria de Estado da Justiça e da Cidadania, será classificado como BOM, REGULAR ou MAU, em Atestado de Permanência e Conduta Carcerária a ser expedido pelo Diretor do Estabelecimento Penal em que se encontre o preso.

Destarte, os requisitos objetivo e subjetivo, previstos em lei, foram devidamente preenchidos para a obtenção do benefício, já que cumpriu mais de 25% de sua reprimenda, apresenta BOM comportamento carcerário, atendendo, desse modo, às exigências do art. 112, parágrafo 1º, da Lei n. 7.210/1984, com redação dada pela Lei n. 13.964/2019, nos seguintes termos: "§ 1º Em todos os casos, o apenado só terá direito à progressão de regime se ostentar boa conduta carcerária, comprovada pelo diretor do estabelecimento, respeitadas as normas que vedam a progressão".

Soma-se ao preenchimento dos requisitos legais para essa progressão a doença do sentenciado, o que por si só já conduz à necessidade de um tratamento diferenciado e humanizado.

Por essas razões, aliadas às que constam do prontuário do sentenciado, bem como dos laudos e dos documentos comprobatórios de seu estado de saúde, é que se requer a prisão domiciliar com a utilização da tornozeleira eletrônica, nos termos do art. 146-B, inciso IV, da Lei de Execução Penal.

IV - DO PEDIDO

Diante do exposto, requer digne-se Vossa Excelência, após ouvido o Ilustre Representante do Ministério Público, conceder o regime semiaberto humanizado com monitoramento eletrônico para o fim de cumprir a pena em prisão domiciliar e dar prosseguimento ao tratamento de saúde nos termos ora expostos, considerando o princípio da humanização da pena.

Nestes termos,

pede deferimento.

__________, _____de ________de 2020.

____

OAB/PR n. ___________

— 6.3 —

Livramento condicional

Previsão do tema e requisitos legais: arts. 83 do Código Penal e 131, 132 e seguintes da Lei n. 7.210/1984.

EXCELENTÍSSIMO SENHOR DOUTOR JUIZ DE DIREITO DA __ VARA DE EXECUÇÕES PENAIS DA COMARCA DE ________ - ESTADO ________

CADASTRO N. ________

FULANO DE TAL, já qualificado nos autos de execução penal, por intermédio de sua procuradora ao final assinada (instrumento procuratório incluso) e escritório profissional no endereço ____________, onde recebe intimações, vem, com fulcro nos arts. 83 do Código Penal e 131 e 132 da Lei n. 7.210/1984, requerer:

LIVRAMENTO CONDICIONAL

o que faz pelos motivos de fato e de direito a seguir expostos:

I – DA CONDENAÇÃO

O sentenciado, reincidente, foi condenado pela prática de delito previsto no art. 121, parágrafo 2º, do Código Penal a uma pena de 13 anos, dos quais cumpriu até a presente data **11 anos, 4 meses e 15 dias.**

II – DOS REQUISITOS OBJETIVO E SUBJETIVO

II.1 – DA PENA CUMPRIDA

Avaliados os documentos juntados, em especial, os que compõe informações sobre a permanência carcerária, verifica-se que o **requisito objetivo** foi preenchido pelo sentenciado, uma vez que já **cumpriu muito mais de ½ do total de sua pena**, a bem da verdade, quase a integralidade desta, consistindo em **11 anos, 4 meses e 15 dias** de pena cumprida, satisfazendo, portanto, o requisito descrito nos arts. 83 e 131 do Código Penal, que assim preceituam:

> Art. 83. O juiz poderá conceder livramento condicional ao condenado a pena privativa de liberdade igual ou superior a 2 (dois) anos, desde que:
>
> II- cumprido mais da metade se o condenado for reincidente em crime doloso.
>
> [...]
>
> Art. 131. O livramento condicional poderá ser concedido pelo Juiz da execução, presentes os requisitos do artigo 83, incisos e parágrafo único, do Código Penal, ouvidos o Ministério Público e Conselho Penitenciário.

II.2 – DA REPARAÇÃO DE DANO

O sentenciado não tem, no momento, nenhuma condição de arcar com a reparação dos danos oriundos dos delitos praticados, uma vez que se encontra privado de sua liberdade o que se impossibilita de auferir renda, conforme declaração em anexo.

Nesse sentido a jurisprudência:

> admite-se a dispensa da reparação do dano, para a concessão de livramento condicional, quando o sentenciado esteja momentaneamente impedido de efetuá-la ou quando sejam exageradas as pretensões dos familiares do ofendido. (RJTJERGS 179/61)

Na mesma esteira decidiu o nosso Tribunal de Justiça no que diz respeito à reparação do dano:

> RECURSO DE AGRAVO – EXECUÇÃO PENAL – PEDIDO DE LIVRAMENTO CONDICIONAL – POSSIBILIDADE – PREENCHIMENTO DOS REQUISITOS – DEMONSTRAÇÃO DA IMPOSSIBILIDADE DE REPARAÇÃO INTEGRAL DO DANO – ACOLHIDO PARECER DA DOUTA PROCURADORIA GERAL DE JUSTIÇA – RECURSO PROVIDO. "Comprovada a hipossuficiência financeira do apenado, pois foi anexada cópia da CTPS, na qual demonstra a quantia salarial mensal de R$1.100,00. Ainda, não há nenhum pedido de reparação civil por algum interessado, não se justificando a exigência da reparação do dano para o deferimento do livramento condicional, ante a impossibilidade de fazê-la. " (Agravo Nº 70075766477, Terceira Câmara Criminal, Tribunal de Justiça do RS, Relator: Rinez da Trindade, Julgado em 21/03/2018) (TJPR. 2ª C.Criminal, 0016753-57.2019.8.16.0030, Foz do Iguaçu, Rel. Desembargador Luís Carlos Xavier, julgado em 1º/08/2019)

Dessa forma, não pode o apenado ter seu pleito restrito, tendo em vista sua impossibilidade de reparar o dano, pois preenchidos os requisitos objetivo e subjetivos, a concessão deve ser feita pelo Magistrado.

II.3 – DO COMPORTAMENTO SATISFATÓRIO

O requisito subjetivo encontra-se plenamente satisfeito pelo sentenciado, considerando que não ocorreu, durante o cumprimento de sua pena, nenhuma falta disciplinar, o que denota seu

bom comportamento carcerário, de acordo com o que preceitua a Resolução n. 70/2004, exarada pela Secretaria de Estado da Justiça e Cidadania, a qual estabelece critérios para a avaliação de comportamento carcerário nos seguintes termos:

> Art. 1º O comportamento carcerário do sentenciado recolhido em Unidade Penal sob a responsabilidade do Departamento Penitenciário, subordinado à Secretaria de Estado da Justiça e da Cidadania, será classificado como BOM, REGULAR ou MAU, em Atestado de Permanência e Conduta Carcerária a ser expedido pelo Diretor do Estabelecimento Penal em que se encontre o preso.

II.4 – DA APTIDÃO PARA O TRABALHO HONESTO E COMPROVANTE DE RESIDÊNCIA

O sentenciado, consoante Portaria expedida pela Vara de Execuções Penais, faz a juntada de declaração de comprometimento com Vossa Excelência de que apresentará comprovação de atividade lícita após concessão do benefício, uma vez que, dada a privação de sua liberdade, teve seus contatos interrompidos.

No entanto, não obstante as intempéries surgidas na vida desse futuro egresso, é preciso acreditar na ressocialização e na reintegração do sentenciado, bem como nas oportunidades vindouras, de modo que os objetivos da execução penal se concretizem extramuros com o apoio dos familiares e da sociedade.

Sobre a aptidão para prover a subsistência do beneficiado pelo livramento condicional, assim se manifestou a jurisprudência:

> O requisito de aptidão para prover a subsistência mediante trabalho honesto para a concessão do livramento condicional é de natureza subjetiva, passível de avaliação, já que não se confunde com capacidade operacional, **dizendo, sim, com a disposição firme e séria ao exercício de alguma atividade honesta.** (Grifo nosso) (TJSP RT 636/282-3)

Diante do preenchimento dos requisitos objetivos e subjetivos ora expostos, requer seja recebido, autuado e processado o presente pedido e, **após parecer do Ilustre representante do Ministério Público e ouvido o Conselho Penitenciário**, digne-se conceder **o LIVRAMENTO CONDICIONAL** ora pleiteado, estipulando as condições descritas no art. 132 da Lei de Execução Penal, com agendamento da audiência admonitória, liberando de imediato o sentenciado com seu salvo conduto, por ser medida de DIREITO E JUSTIÇA.

Nestes termos,
pede deferimento.

___________, _____de ________de 2020.

____

OAB/PR n. ___________

— 6.4 —

Indulto

Previsão do tema e requisitos legais: arts. 188 a 193 da LEP e art. 107, inciso II, do Código Penal, c/c art. 84, inciso XII, da Constituição Federal de 1988, somado ao Decreto n. XXXX/(ano), que rege o indulto.

Para este modelo, utilizamos o Decreto n. 10.189, de 23 de dezembro de 2019 (Brasil, 2019b), que concede **indulto natalino**.

EXCELENTÍSSIMO SENHOR DOUTOR JUIZ DE DIREITO DA __ VARA DE EXECUÇÕES PENAIS DA COMARCA DE ________ - ESTADO ________

EXECUÇÃO CRIMINAL N. ___________

FULANO DE TAL, já qualificado nos autos da EXECUÇÃO CRIMINAL, processo em epígrafe, vem, respeitosamente, com fulcro no art. 188 da Lei n. 7.210/1984 e no Decreto n. _______ [inserir o número do decreto anual que rege os requisitos para pleitear o benefício], expor e requerer o que segue.

I - DA CONDENAÇÃO

O requerente foi condenado a uma pena de 8 anos e 4 meses pela prática do crime previsto no art. 157, *caput*, do Código Penal, dos quais já cumpriu 2 anos. Ocorre que, no decorrer do cumprimento de sua pena, o sentenciado foi acometido por uma neoplasia maligna CID 10 C, a qual provocou metástase em vários órgãos de seu corpo, conforme comprovam os laudos e atestados médicos. O sentenciado foi submetido à radioterapia e à quimioterapia, no entanto, em razão da gravidade da doença, encontra-se em estágio terminal.

Diante da gravidade de tal quadro, comprovado pela equipe médica da unidade penal onde se encontra preso, bem como por profissionais do Complexo Médico Penal, verifica-se que o apenado preenche o requisito para a concessão do indulto. Ademais, no tempo em que permaneceu na unidade penal, apresentou bom comportamento carcerário.

II – DOS FUNDAMENTOS PARA A CONCESSÃO DO INDULTO

O sentenciado requereu indulto tendo em vista seu estado de saúde. Há razões para sua concessão, uma vez que o Decreto n. 10.189/2019 previu, entre as possibilidades de concessão, a seguinte:

> Art. 1º Será concedido indulto natalino às pessoas nacionais ou estrangeiras condenadas que, até 25 de dezembro de 2019, tenham sido acometidas:
>
> [...]
>
> III – por doença grave, como neoplasia maligna ou síndrome da deficiência imunológica adquirida (aids), em estágio terminal e comprovada por laudo médico oficial, ou, na sua falta, por médico designado pelo juízo da execução.

O sentenciado juntou todos os laudos comprobatórios de sua neoplasia maligna CID 10 C61, não havendo dúvidas da gravidade, que seu estágio de saúde é terminal.

Sobre o comportamento carcerário e as sanções o decreto descreve o seguinte:

> Art. 5º O indulto natalino não será concedido às pessoas que:
>
> I – tenham sofrido sanção, aplicada pelo juízo competente em audiência de justificação, observados os princípios do contraditório e da ampla defesa, em razão da prática de infração disciplinar de natureza grave, nos doze meses anteriores à data de publicação deste Decreto;

Todavia, não é o caso do sentenciado, pois, conforme documentos juntados, seu comportamento foi bom e sem nenhuma conduta ou falta que o desabone.

Diante de tal quadro, a concessão do indulto se impõe, a fim de dar um pouco de dignidade ao sentenciado para que tenha a oportunidade de passar esse momento difícil ao lado de seus familiares, considerando o princípio da humanização da pena.

III – DO PEDIDO

Diante do exposto, considerando os documentos juntados aos autos, requer o apenado que:

a) seja o presente pedido remetido pela Direção da Unidade Penal ao Conselho Penitenciário, para que este emita o competente parecer, bem como ao Ministério Público, considerando o preenchimento dos requisitos previstos no decreto presidencial.

b) após ouvidos o Ministério Público e a Defesa, digne-se Vossa Excelência conceder o indulto natalino ao sentenciado ____________________.

Por fim, concedido o indulto, requer a Vossa Excelência a declaração da extinção da punibilidade do requerente nos termos do art. 107 do Código Penal c/c os art. 192 e 193 da Lei de Execução Penal, por ser medida de Direito e Justiça.

Nestes termos,

pede deferimento.

___________, _____de ________de 2020.

____

OAB/PR n. ____________

Atenção: Citamos, no item "a", a remessa do pedido ao Conselho Penitenciário (o que deve ser feito, em regra, para a maioria dos casos), porém, o art. 70, inciso I, excepciona o caso de pedido de indulto com base no estado de saúde do preso, que é a situação apresentada, embora o decreto aqui referenciado não contemple tal previsão. Nesse caso, tratando-se de emergência de saúde, recomendamos enviar diretamente ao magistrado o pedido, cumprindo-se, assim, a legislação federal – a LEP –, por se tratar de norma geral.

— 6.5 —

Comutação

Previsão do tema e requisitos legais: art. 84, inciso XII, da Constituição Federal, art. 7º do Decreto n. 9.246/2017 e art. 192 da LEP.

Para este modelo, utilizamos o Decreto n. 9.246, de 21 de dezembro de 2017 (Brasil, 2017) – até o momento, esse foi o último decreto que previu a comutação de pena, os demais só trouxeram a previsão do indulto e casos especiais.

EXCELENTÍSSIMO SENHOR DOUTOR JUIZ DE DIREITO DA __ VARA DE EXECUÇÕES PENAIS DA COMARCA DE ________ – ESTADO ________

CADASTRO N. ________

FULANO DE TAL, filho de________e de ________, atualmente preso na Colônia Penal Agrícola, por sua advogada ao final assinada, instrumento procuratório em anexo, vem respeitosamente à presença de Vossa Excelência, com fulcro no art. 84, inciso XII, da Constituição Federal ("Compete privativamente ao Presidente da República: conceder indulto e comutar penas, com audiência, se necessário, dos órgãos instituídos em lei") e no art. 7º do Decreto n. 9.246/2017 para requerer:

COMUTAÇÃO DE PENA

pelos motivos de fato e razões de direito a seguir descritos.

I – DA CONDENAÇÃO

O sentenciado foi condenado pela prática de delitos contra o patrimônio a uma **pena total de 9 anos e 15 dias**, conforme se infere do extrato de pena do sentenciado.

II – DOS FUNDAMENTOS PARA A CONCESSÃO DA COMUTAÇÃO

Pelos documentos que instruem o feito, infere-se que o sentenciado já cumpriu **7 anos, 1 mês e 8 dias** do total de sua pena em regime fechado.

Dessa forma, o requisito temporal de 1/3 (um terço) de cumprimento da reprimenda está atendido, considerando a reincidência do sentenciado, conforme descrito no art. 7º, inciso I, alínea "b", do Decreto n. 9.246/2017, que assim preceitua:

> Art. 7º A comutação da pena privativa de liberdade remanescente, aferida em 25 de dezembro de 2017, será concedida, nas seguintes proporções:
>
> I – à pessoa condenada a pena privativa de liberdade:
>
> a) em um terço, se não reincidente, e que, até 25 de dezembro de 2017, tenha cumprido um quarto da pena; e
>
> b) em um quarto, se reincidente, e que, até 25 de dezembro de 2017, tenha cumprido um terço da pena;

Sobre os demais requisitos, verifica-se que o apenado **não sofreu sanção disciplinar por falta grave nos últimos 12 meses** e que seu **comportamento carcerário foi classificado como BOM**, conforme atestado, em anexo.

Os delitos praticados pelo sentenciado não estão no rol da Lei n. 8.072/1990, bem como não há qualquer restrição à comutação.

Ressalta-se, por fim, que o art. 10 do Decreto n. 9.246/2017 preceitua que "O indulto ou a comutação de pena alcançam a pena de multa aplicada cumulativamente, ainda que haja inadimplência ou inscrição de débitos na Dívida Ativa da União, observados os valores estabelecidos em ato do Ministro de Estado da Fazenda".

Portanto, preenchidos os requisitos legais, o sentenciado faz jus à comutação de pena nos termos previstos no art. 192 da Lei de Execução Penal e no art. 7º do Decreto n. 9.246/2017.

III - DO PEDIDO

Diante do exposto, considerando os documentos juntados aos autos, requer o apenado que:

a) seja o presente pedido remetido, inclusive por meio digital, pela Direção da Unidade Penal ao Conselho Penitenciário, para que emita o competente parecer, considerando o preenchimento dos requisitos previstos no decreto presidencial.

b) após ouvidos o Ministério Público e a Defesa, digne-se Vossa Excelência conceder a comutação de pena ao sentenciado ________________.

Por fim, concedida a comutação, requer a Vossa Excelência a retificação da guia de recolhimento contendo o novo cálculo da pena, nos termos do art. 192 da Lei de Execução Penal, por ser medida de Direito e Justiça.

Nestes termos,

pede deferimento.

__________, _____de ________de 2020.

____

OAB/PR n. ____________

— 6.6 —

Agravo

Confira, nesta seção, dois modelos de peças processuais: petição de interposição de agravo e petição de razões de agravo.

— 6.6.1 —

Petição de interposição de agravo

Previsão do tema e requisitos legais: art. 197 da LEP e artigos relacionados ao tema do pedido indeferido. No caso deste modelo, art. 112 e seguintes da LEP.

EXCELENTÍSSIMO SENHOR DOUTOR JUIZ DE DIREITO DA ___ VARA DE EXECUÇÕES PENAIS DA COMARCA DE ________ - ESTADO ________

CADASTRO N. _______

AUTOS DE REGIME SEMI-ABERTO N. _______

FULANO DE TAL, já devidamente qualificado nos autos em epígrafe, por seu advogado ao final assinado, inconformado com a decisão que indeferiu o pleito de progressão de regime, vem respeitosamente à presença de Vossa Excelência, com fulcro no art. 197 da Lei de Execução Penal, para interpor

AGRAVO EM EXECUÇÃO

Requer o agravante que seja o presente pedido recebido e devidamente processado, considerando suas inclusas razões, para que Vossa Excelência, caso entenda, possa exercer o juízo de retratação, nos termos legais. Optando Vossa Excelência em manter a decisão, após manifestação do Representante do Ministério Público, requer que seja encaminhado o presente recurso ao Egrégio Tribunal de Justiça do Estado do ________________

Nestes termos,

pede deferimento.

___________, _____de ________de 2020.

____

OAB/PR n. _____________

— 6.6.2 —

Petição de razões do agravo

Previsão do tema e requisitos legais: art. 197 da LEP e artigos relacionados ao tema do pedido indeferido. No caso deste modelo, art. 112 e seguintes da LEP.

RAZÕES DO AGRAVO

PROCESSO N. ___________/_________

APELANTE: _____________

APELADO: Ministério Público

EGRÉGIO TRIBUNAL DE JUSTIÇA DO ESTADO DO PARANÁ

COLENDA CÂMARA CRIMINAL

DOUTO PROCURADOR DE JUSTIÇA

EMÉRITOS JULGADORES:

I - DOS FATOS

O interno encontra-se cumprindo sua reprimenda na Penitenciária ____________em face da seguinte condenação:

Autos de Processo-Crime nº _________da ____Vara Criminal da Comarca de _________, sentenciado a 8 anos e 6 meses pelo cometimento do delito tipificado no art. 157, parágrafo 3º, primeira parte, do Código Penal.

Foi protocolado o pedido de progressão de regime, pois, de acordo com o extrato contido no anexo, o ora agravante demonstra já ter cumprido mais de 1/6 da pena.

Seu comportamento carcerário foi classificado como bom, preenchendo, dessa forma, o requisito descrito no art. 112 da Lei de Execução Penal.

Em cota ministerial, foi pedido o não provimento do recurso.

A sentença proferida negou o benefício pleiteado, fundamentando-se, em apertada resenha, nas restrições trazidas nos pareceres técnicos, entendendo que os argumentos constituem forma legal de mensurar o mérito pessoal do condenado, obstaculizando, dessa forma, a pretendida progressão de regime.

II - DO DIREITO

II.1 - DAS AVALIAÇÕES TÉCNICAS

Da análise dos fatos descritos e dos comprovantes juntados aos autos, vislumbra-se que o apenado cumpriu todos os requisitos necessários, exigidos pela legislação executória penal.

Não há de se falar em exame criminológico como critério impeditivo de obtenção de benefícios, nem sequer critério para avaliar mérito do apenado em progressão de regime, apenas como avaliação para acompanhamento e individualização na aplicação da pena durante sua execução como critério classificatório.

O art. 6º da Lei de Execução Penal é claro, **visa exclusivamente classificar o condenado** ("Art. 6º A classificação será feita por Comissão Técnica de Classificação que elaborará o programa individualizador da pena privativa de liberdade adequada ao condenado ou preso provisório"), para **adequar a classificação**

e a individualização da execução (SANTOS, J. C. **Teoria da pena**: fundamentos jurídicos e aplicação judicial, 2005. p. 78).

Como bem ensina o Professor Juarez Cirino dos Santos (2005):

> Após o advento da Lei 10.792/2003, o exame criminológico para a progressão de regime foi substituído por atestado de bom comportamento carcerário expedido pelo Diretor da Instituição, reduzindo a psiquiatrização da execução penal, pela qual a decisão do Juiz de execução acabava transferida para alguns funcionários da ortopedia moral – psiquiatras, psicólogos e assistentes sociais do sistema penal – cujos prognósticos moralistas e segregadores ressucitavam excrescências positivistas do tipo 'personalidade voltada para o crime', cujo primitivismo lombrosiano ainda depõem contra a ciência penal brasileira. (SANTOS, J. C. **Teoria da pena**: fundamentos políticos e aplicação judicial, 2005. p. 79)

De forma acertada é o entendimento da 1ª Câmara Criminal do Tribunal de Justiça do Estado do Paraná, *verbis*:

> AGRAVO EM EXECUÇÃO PENAL - RECURSO MINISTERIAL - PEDIDO DE REALIZAÇÃO DE EXAME CRIMINOLÓGICO PARA AFERIÇÃO DO REQUISITO SUBJETIVO NECESSÁRIO À PROGRESSÃO DE REGIME-DESNECESSIDADE - PERÍCIA NÃO OBRIGATÓRIA - INTELIGÊNCIA DO ART. 112 DA LEP - REEDUCANDO QUE OSTENTA BOM COMPORTAMENTO CARCERÁRIO SEM APRESENTAR INDÍCIOS DE MAIOR PERICULOSIDADE - RECURSO DESPROVIDO. (TJPR.

> 1ª Câmara Criminal, RA n. 1640915-1, Rel. Desembargador Antônio Loyola Vieira, julgado em 08/03/2018)

II.2 – DA INDIVIDUALIZAÇÃO DA PENA

Como é cediço, o art. 5º, inciso XLVI, da Carta Magna ("XLVI – a lei assegurará a individualização da pena e adotará, entre outras, as seguintes:") tem por escopo dar tratamento reeducativo ao condenado de forma individualizada, porém sua interpretação não deve gerar óbice para impedir que benesses sejam concedidas.

Ao analisar o objetivo da individualização da pena e ensejador de avaliações técnicas, Mirabete conceitua: "individualizar a pena, na execução, consiste em dar a cada preso as oportunidades e os elementos necessários para lograr sua reinserção social" (MIRABETE, J. F. **Execução penal:** comentários à Lei 7.210/84, p. 46). Esse também é o objetivo previsto no bojo do art. 6º da Lei de Execução Penal. Ainda,

> devem as classificações ensejar possibilidade a adoção de medidas assistenciais a serem empregadas durante a execução da pena e possibilitar o estabelecimento de prognósticos quanto à evolução futura do sentenciado. (MARANHÃO citado por GOULART, J. E. **Princípios informadores do direito da execução penal**, p. 99)

Verifica-se a inércia do Estado na ressocialização do sentenciado, não dispondo de meios, não oportunizando, omitindo-se em fazer o devido acompanhamento de forma individualizada daqueles que se encontram encarcerados sobre sua tutela. Logo, não se pode permitir que requisito paralegal intervenha quando este se encontra na iminência de ser agraciado com a tão almejada benesse. As atividades realizadas pelas equipes técnicas, bem como o acompanhamento destas, devem ter a finalidade de provocar melhorias no sentenciado, e não de transformá-los em indivíduos piores do que eram quando lá ingressaram. Nesse sentido:

> As penitenciárias devem ser lugares onde há um amplo programa de atividades construtivas que ajudam os presos a melhorar sua situação. No mínimo, a experiência da prisão não deve deixar as pessoas presas em condição pior do que quando começaram a cumprir sua pena, e sim ajudá-las a manter e melhorar sua saúde e seu funcionamento intelectual e social. (COYLE, A. **Administração penitenciária**: uma abordagem de direitos humanos - manual para servidores penitenciários, p. 101)

O papel que compete ao reeducando já por ele foi cumprido, qual seja, lapso temporal e bom comportamento carcerário, únicos requisitos exigidos pela lei à pessoa do condenado.

Ao revés, é função do Estado "proporcionar condições para a harmônica integração social do condenado" (art. 1º, Lei. n. 7.210/1984). **À pessoa, tudo que não lhe é proibido, lhe é permitido, já ao Estado não**.

Não se pode punir o reeducando por uma falha do Estado. Para que se cobre, é necessário que primeiramente se ensine. "A execução penal não pode consistir no fato do condenado executar dia a dia as mesmas tarefas e, de que a execução penal não podia ser igual para todos os sentenciados" (KAUFMANN, H. K. **Ejecucion penal y terapia social**, 1979, p. 197).

A justificativa para aplicação da pena é submeter a pessoa do condenado a um tratamento de recuperação, objetivando torná-lo um ser melhor no interesse da sociedade. Só assim será possível afirmar que está executando a pena de forma individualizada e com dignidade. Do contrário, não feito o que era necessário durante sua estada no sistema prisional, tendo cumprido os requisitos legais, deve ser beneficiado com o que lhe é de direito.

II.3 - DO ART. 33, PARÁGRAFO 2º, DO CÓDIGO PENAL

No que tange ao mérito do apenado, disposto no art. 33, parágrafo 2º, do Código Penal, há de se reconhecer que, uma vez promulgada a Lei n. 7.210/1984, **restou prejudicada sua interpretação por si só**.

Observe-se a regra do art. 40 do mesmo *Codex*, *verbis:*

> Art. 40. A **legislação especial regulará** a matéria prevista nos artigos 38 e 39 deste Código, bem como especificará os deveres e direitos do preso, os critérios para revogação e **transferência de regimes** e estabelecerá as infrações disciplinares e correspondentes sanções. (grifo nosso)

Ainda que forçosamente se queira aplicar o art. 33, parágrafo 2º, no caso em tela, este discorre que a forma progressiva de cumprimento de pena será executada segundo o mérito do condenado, imediatamente e obrigatoriamente, com fulcro no art. 40 do Código Penal, faz-se necessário remeter-se à Lei de Execução Penal, por se tratar de legislação específica, especificamente o art. 112, o qual reza o lapso temporal (critério objetivo) e o bom comportamento (critério subjetivo), observando-se que, "em todos os casos, o apenado só terá direito à progressão de regime se ostentar boa conduta carcerária, comprovada pelo diretor do estabelecimento, respeitadas as normas que vedam a progressão" (art. 112, parágrafo 1º, com as alterações da Lei n. 13.964/2019).

III - DA CONCLUSÃO

É inegável o dever do executor de se munir de meios que entende adequados para formar seu convencimento no que concerne a comprovar a verdadeira individualização da pena, todavia, há de se ter certeza de que o Juízo da Execução não se torne um mero homologador de laudos, transferindo sua competência e sua prerrogativa a técnicos do sistema penal, "administrativizando" o processo de progressão de regime.

Da forma em que as avaliações técnicas estão sendo aplicadas, resta clara a dissonância do verdadeiro objetivo de sua aplicação na individualização da pena – classificar para ressocializar – afinal, "o exame criminológico tem por objetivo propor medidas recuperatórias" (MIRABETE, J. F. **Execução penal**: comentários à Lei 7.210/1984, p. 50), e não cercear benesses.

> Quando as leis forem fixas e literais, quando só confiarem ao magistrado a missão de examinar os atos do cidadão, para decidir se tais atos são conformes ou contrários à lei escrita, quando, enfim, a regra do justo e do injusto, que deve dirigir em todos os seus atos do ignorante ao homem instruído, não for um motivo de controvérsia, mas simples questão de fato, então não mais se verão cidadãos submetidos ao juízo de uma multidão de pequenos tiranos. (BECCARIA, C. **Dos delitos e das penas**, p. 39)

Reitere-se que o papel do apenado – bom comportamento e lapso temporal – por ele está sendo cumprido. Quanto ao Estado, por sua vez, não se pode afirmar com a mesma convicção, ao contrário, é de se questionar, tendo em vista a ausência de ressocialização dos sentenciados, aliada ao crescimento da população carcerária e aos índices de reincidência.

Logo, se durante a execução não se propiciam condições para a ressocialização do reeducando, não há como, no momento de avaliar a progressão de regime, frustrar a expectativa do apenado que cumpriu com suas obrigações (lapso temporal e bom comportamento) sob o jargão de não apresentar condições subjetivas, elencadas em avaliações técnicas, até mesmo por ser um critério por demais subjetivo, afinal, mais do que solucionar um problema passado, a pena tem por escopo criar ou recriar uma convivência futura. Só assim poder-se-á afirmar que a busca pela verdade real está sendo efetivamente cumprida.

IV – DO PEDIDO

Em face do exposto, requer-se que seja reformada a decisão, **concedendo a progressão de regime para o semiaberto**, uma vez que preenchidos todos os requisitos, objetivos e subjetivos, nos termos do art. 112 da Lei de Execução Penal, reconhecendo a inaplicabilidade de laudos técnicos como fatores impeditivos para sua concessão, e que seja determinada a imediata implantação na Colônia Penal Agrícola.

Nestes termos,

pede deferimento.

___________, _____de ________de 2020.

____

OAB/PR n. ____________

— **6.7** —

Defesa de Conselho Disciplinar

Previsão do tema e requisitos legais: art. 50 da Lei n. 7.210/1984, arts. _____e _____do Estatuto Penitenciário Local, e art. 5º, incisos XLV e XLVI, da Constituição Federal de 1988 (a depender do relato dos fatos).

ILUSTRÍSSIMO SENHOR PRESIDENTE E SENHORES MEMBROS DO CONSELHO DISCIPLINAR DA PENITENCIÁRIA DE __________ - ESTADO ______________

FULANO DE TAL, filho de ________ e de ____________, vem respeitosamente a Vossa Senhoria, por intermédio da advogada ao final assinada, com instrumento procuratório para os devidos fins, apresentar:

DEFESA POR ESCRITO

I - DO COMUNICADO

O fato a que o acusado está sendo submetido consta descrito no comunicado do dia ___/___/___, em anexo [juntar a ocorrência descrita pela Chefia de Segurança da Unidade Penal].

II - DA DECLARAÇÃO

O preso ________________, ao ser ouvido pela DISED/SEGURANÇA, relatou os seguintes fatos:

> Que no dia __/__/____estava na 4ª galeria, quando alguns internos por motivo de transferência para outra Unidade Penal, começaram a agitar e pegaram um agente e uma enfermeira como reféns. Que alega que foi obrigado a abrir as portas porque os líderes da rebelião mandaram, assim como os demais presos também foram obrigados. Que se não abrissem seriam mortos. Que não tem motivos para participar de nenhum movimento porque está no momento de pedir benefícios. Que não estava encapuzado como os demais e que não tem motivo nenhum para apoiar este tipo de ação.

III - DA DEFESA

III.1 - PRELIMINARMENTE

a) DA INÉPCIA DO COMUNICADO

O Comunicado do Conselho Disciplinar deve ser, por analogia, como a denúncia. Portanto, deve narrar o fato ocorrido detalhadamente, constando os acusados, as vítimas, o tempo, o modo e o lugar ocorrido.

É sabido que denúncia genérica é inepta. E não é diferente com o comunicado do fato ocorrido no local do cumprimento da pena. No mundo exterior, o Código Penal tem a função de descrever os fatos típicos e as respectivas punições.

Na vida intramuros, ou seja, em uma unidade penal, seja ela de regime fechado, seja semiaberto, o Estatuto Penitenciário tem o condão de descrever as punições a serem aplicadas aos referidos infratores por intermédio do Conselho Disciplinar.

Nesse momento, tendo em vista os fatos ocorridos, verifica-se uma soma de atos para, eventualmente, aliados a outros fatos genéricos, sem descrição detalhada dos requisitos de um comunicado e de seus verdadeiros autores, realizar uma punição – e coletiva ainda, o que é proibido legalmente.

Ora, os responsáveis pela rebelião causada já foram transferidos para outras unidades penais. Se o sentenciado está sendo acusado de ter incitado a massa carcerária ou, ainda, de ter tido qualquer tipo de participação, o que está fazendo aqui na unidade? Por que não foi transferido como os demais?

Não há motivos para penalizá-lo, uma vez que não há nenhum interesse por parte do sentenciado em cometer qualquer tipo de falta, haja vista sua condição processual penal, que, depois de tantas intempéries, começa a encontrar respaldo na possibilidade de liberdade progressiva.

b) DA AUSÊNCIA DE FORMALIDADES

Senhores Julgadores! Vossas Senhorias sabem da importância de suas funções ao efetuar este julgamento, que se equipara, apenas para relembrá-los, à nobre função de jurados. Nesse contexto, deve-se prestigiar sempre a coerência, o bom senso, a justiça e a equidade. Porém, havendo dúvida na identificação do acusado que se encontrava em meio àquele tumulto todo, é imperioso aplicar o princípio *in dubio pro reo.*

É oportuno lembrar, mais uma vez, que os precursores do fato ocorrido não estão mais nesta unidade para que possam ser responsabilizados. E, qualquer argumentação de que seriam punidos em outra unidade, neste momento, perde o objeto, porque, mesmo se forem punidos não importa o local, ainda assim teriam conseguido seu objetivo, qual seja, a remoção para outra Penitenciária, que foi realizada no dia seguinte ao fato descrito no comunicado, objeto deste Conselho Disciplinar.

Outrossim, considerando o momento de enorme tensão porque todos passaram naquele dia, é induvidoso de que até mesmo os técnicos, componentes do Conselho Disciplinar, não estão aptos a fazer um juízo de valor, de uma suposta infração disciplinar praticada pelo ora acusado, haja vista a ausência de subsídios para fundamentar suas decisões.

III.2 DO MÉRITO

Ilustres Membros deste Conselho Disciplinar, o sentenciado ______________ está sendo acusado de participar de um motim em que não restou comprovada sua participação, sobretudo, porque os maiores interessados nem sequer aqui permaneceram para prestar seus depoimentos. Logo, o acusado não pode ser penalizado com base em fato duvidoso.

Verifica-se que o sentenciado ______________ não teve nenhum tipo de envolvimento, muito pelo contrário, não tem interesse em participar desse tipo de situação. Primeiro, porque, durante seu tempo de permanência nesta e em outras unidades penais, não teve histórico de falta disciplinar praticada; segundo e, com mais razão ainda, por estar prestes a pleitear o benefício de progressão ao regime semiaberto e tem consciência de que qualquer comportamento que venha desvirtuar sua conduta é passível de prejuízo no andamento processual, em busca da tão sonhada liberdade.

Senhores, é momento de reflexão! Ora, como fica a aplicação e o principal objetivo da Lei de Execução Penal? O sentenciado já cumpriu boa parte de sua pena, tem expectativa de uma progressão de regime, os requisitos objetivos e subjetivos estão presentes, considerando o disposto no art. 112 da Lei n. 7.210/1984, logo, tudo isso não pode ser posto a perder, inclusive a esperança de um ser humano que está em processo de ressocialização.

O fato ocorrido não pode acarretar uma punição coletiva, o que é terminantemente proibido pela Constituição Federal, pelo Código Penal e pela Declaração Universal dos Direitos Humanos. Vejamos os dispositivos legais:

> **Constituição Federal:**
>
> Art.5º, XLV - nenhuma pena passará da pessoa do condenado [...].
>
> Art. 5º, XLVI - a lei regulara a individualização da pena [...].
>
> **Estatuto Penitenciário do Estado do Paraná:**
>
> Art. 53: Nenhuma sanção disciplinar será imposta **em razão de dúvida ou mera suspeita**.
>
> Art. 54: São proibidos, como sanções disciplinares, os castigos corporais, clausura em cela escura, **sanções coletivas**, bem como toda punição cruel, desumana, degradante e qualquer forma de tortura. (grifo nosso)

As punições injustas, sem provas robustas, que demonstrem a concretização dos fatos ocorridas estão fadadas ao fracasso, ou melhor, à nulidade total, seja nos tribunais de primeiro, seja nos tribunais de segundo grau.

Ora, para se haver punição, é preciso que haja autoria e materialidade dos fatos. Verifica-se, pois, que o comunicado trouxe um relato superficial e extremamente genérico, deixando de relatar individualmente cada conduta de cada suposto envolvido.

É oportuno ressaltar que, em se tratando de processo disciplinar, o Superior Tribunal de Justiça assim se manifestou:

AUTORIDADE CARCERÁRIA - INOBSERVÂNCIA DO DEVIDO PROCESSO LEGAL - OBSCURIDADE DOS FATOS - CONTRADITÓRIO PENAL E A PLENITUDE DE DEFESA. Primeiramente, cumpre destacar que o processo de apuração de falta cometida pelo preso não é jurisdicional, ou seja, não se realiza perante o juízo das execuções penais. Outrossim, é dado ao sentenciado oportunidade de defesa, o que fica registrado nos autos do processo disciplinar instaurado, **não podendo a direção do estabelecimento prisional aplicar sanções administrativas, sem respeitar a devida apuração dos fatos.** Se isso ocorrer, o sentenciado deve, através de advogado constituído ou de defensor público, impugnar as decisões tomadas perante o juízo das execuções penais competente. (STJ. RHC nº 7.964/RJ, Rel. Ministro José Arnaldo da Fonseca, grifo nosso)

Disso se verifica, no presente processo disciplinar, que não há nenhuma prova ou sequer indícios de que o sentenciado __________________ tenha qualquer participação no fato ocorrido.

Vejamos os três principais motivos que devem levar o interno à absolvição:

Primeiro: não houve participação concreta no fato descrito no comunicado, uma vez que este descreveu a situação de forma genérica, sem esclarecer a conduta de cada um dos envolvidos, em especial, do ora sentenciado.

Segundo: os demais depoimentos demonstram que o fato ocorrido está claro: tudo aconteceu por causa dos demais presos que queriam ser transferidos para outra unidade penal.

Terceiro: o sentenciado tem uma pena de 17 anos, já cumpriu 10 anos e 10 meses e está prestes a ser beneficiado pela progressão, logo, não há justificativa nenhuma para se envolver em qualquer tipo de infringência às normas comportamentais da unidade penal.

Outrossim, para que possa ser configurada quaisquer uma das faltas previstas no Estatuto Penitenciário do Paraná, é imprescindível a presença do dolo, ao menos, o dolo genérico. No caso em análise, não houve participação nenhuma, e muito menos dolo, por parte do sentenciado ______________, uma vez que não restou comprovada nenhuma atitude que possa configurar infringência aos deveres previstos no Estatuto Penitenciário.

IV – DO PEDIDO

Pelos fatos ora aduzidos e, em especial, em razão da ausência de provas de autoria e materialidade do fato ocorrido, **requer-se a este Ilustre Conselho Disciplinar desta Unidade Penal a absolvição do sentenciado** ______________, considerando não haver provas de que participou do fato descrito no comunicado.

Requer-se, por fim, que seja excluída qualquer anotação em seu prontuário, comunicando-se imediatamente o Juízo de Execução Penal, a fim de que faça as devidas retificações, tendo em vista seu isolamento durante 10 (dez) dias, por tratar-se, em tese, da acusação de falta grave nos termos do art. 50 da Lei de Execução Penal e do art. ___do Estatuto Penitenciário.

Com a **absolvição do ora acusado** ___________________, estar-se-á fazendo a mais verdadeira **JUSTIÇA** e praticando, sobretudo, a ressocialização do condenado, que, gradativamente, vai cumprindo sua pena rumo ao caminho da liberdade, obedecidos os princípios das finalidades preventiva e retributiva da pena.

Nestes termos,

pede deferimento.

____________, _____de _________de 2020.

____

OAB/PR n. ______________

— **6.8** —

Transferência de preso

Previsão do tema e requisitos legais: art. 41, inciso X, da Lei n. 7.210/1984. Verificar as peculiaridades do caso concreto.

EXCELENTÍSSIMO SENHOR DOUTOR JUIZ DE DIREITO DA __ VARA DE EXECUÇÕES PENAIS DA COMARCA DE _________ - ESTADO _________

CADASTRO N. ________

FULANO DE TAL, filho de _______ e de _______, vem por intermédio de sua advogada, requerer:

TRANSFERÊNCIA MEDIANTE PERMUTA

DA PENITENCIÁRIA ____________ PARA A

PENITENCIÁRIA ____________

O sentenciado encontra-se atualmente cumprindo pena na Penitenciária ________. Foi condenado a um total de ___anos de reclusão pela prática dos delitos previstos no art. 157 do Código Penal, tendo cumprido até a presente data ___anos e ___mês de sua pena.

Os familiares do sentenciado residem no interior da cidade de __________, o que tem dificultado sobremaneira a vinda destes até a unidade penal onde se encontra preso, mesmo porque a única pessoa a visitar o sentenciado é sua mãe, que se encontra idosa e enferma, e uma irmã, que apresenta dificuldades de locomoção em razão de um acidente, conforme documentos e fotografias juntados no presente pedido.

É sabido que as unidades penais, em regra, estão com sua capacidade máxima em ocupação quando o assunto são as vagas no sistema carcerário. Ocorre que, em diligência realizada perante a Direção da Unidade Penal situada na Comarca __________, verificou-se o interesse de um sentenciado em cumprir pena na unidade penal localizada na Comarca __________, onde o ora requerente se encontra preso.

Em manifestação à resposta da solicitação de vaga para transferência mediante permuta, o Ilustre Diretor da Unidade Penal exarou sua concordância desde que se trate de preso com perfil semelhante ao permutado.

Diante de tais fatos, considerando que ambos os interessados têm bom comportamento carcerário, já constatado no prontuário, bem como penas fixadas pelo mesmo delito com equivalência, inclusive, em seu total fixado na sentença e o percentual já cumprido (relatório anexo) e, ainda, como constatado, não fazem parte de nenhuma facção criminosa, vislumbra-se a possibilidade de uma transferência mediante permuta para que ambos possam cumprir sua reprimenda mais próximo de seus familiares.

É despiciendo salientar a importância que a família exerce na ressocialização dos apenados, que, por meio das visitas, podem ajudar em sua recuperação.

Caso o sentenciado não seja transferido para uma unidade penal próxima à residência de seus familiares, estará sendo cerceado de seu direito à visita do cônjuge, de parentes e amigos, previsto no art. 41, inciso X, da Lei de Execuções Penais. Nesse sentido a doutrina assim assevera:

> fundamental ao regime penitenciário é o princípio de que o preso não deve romper seus contatos com o mundo exterior e que não sejam debilitadas as relações que o unem aos familiares e amigos. Não há dúvida de que os laços mantidos principalmente com a família são essencialmente benéficos para o preso, porque o levam a sentir que, mantendo contatos, embora com limitações, com as pessoas que se encontram fora do presídio, não foi excluído da comunidade. Dessa forma, no momento em que for posto em liberdade, o processo de reinserção social produzir-se-á mais facilmente, sem problemas de readaptação a seu meio familiar e comunitário. Preceituam, aliás, as regras Mínimas da ONU que se deve velar particularmente para que se mantenham

> e melhorem as boas relações entre o preso e sua família quando estas sejam convenientes para ambas as partes, devendo ser autorizadas visitas de familiares e amigos, ao menos periodicamente e sob devida vigilância. (MIRABETE, J. F. **Execução penal.** 10. ed. São Paulo: Atlas, 2002. p. 127)

Diante de tais fundamentos, bem como dos documentos comprobatórios juntados, em especial, a concordância manifestada pelos Ilustres Diretores das Unidades Penais onde cumprem pena os sentenciados, requer a Vossa Excelência:

a) que seja deferido o pedido de transferência autorizando a remoção de ______________ para a Penitenciária ______________, mediante permuta com ______________ para a Unidade ____________, situada nesta Comarca, para que ambos possam dar continuidade ao cumprimento de sua pena e, sobretudo, a fim de facilitar a locomoção de seus familiares para visitá-los.

b) que seja encaminhado o prontuário para as unidades onde, respectivamente, cumprirão penas os sentenciados, com as devidas comunicações ao Juízo de Execuções onde se encontra cada unidade penal.

Nestes termos,
pede deferimento.

___________, _____de ________de 2020.

____

OAB/PR n. ____________

O presente pedido deve ser instruído com os seguintes documentos:

a. procuração;
b. declaração de manifestação de vontade de transferência dos presos;
c. declaração de existência de vaga, expedida pelos Diretores das Unidades Penais onde se encontram os sentenciados;
d. solicitação de autorização para o Juiz da Vara de Execução Penal da Comarca de ________ e de __________ (referente aos dois sentenciados) – essa exigência depende de cada Vara de Execução Penal e da Direção de Unidade Prisional;
e. deferimento do pedido de transferência mediante permuta do réu permutado, bem como declinação de competência da Execução Penal, que deverão ser juntadas aos autos do réu solicitante – essa exigência depende de cada Vara de Execução Penal e da Direção de Unidade Prisional;
f. boletim carcerário do preso.

— 6.9 —

Autorização de saída – Saída temporária

Previsão do tema e requisitos legais: arts. 122, inciso I, 123 e 124 da LEP. Verificar as peculiaridades do caso concreto.

EXCELENTÍSSIMO SENHOR DOUTOR JUIZ DE DIREITO DA __ VARA DE EXECUÇÕES PENAIS DA COMARCA DE ________ - ESTADO ________

AUTOS DE EXECUÇÃO DE PENA N. ___________

FULANO DE TAL, já qualificado nos autos em epígrafe, respeitosamente, vem à presença de Vossa Excelência, por sua procuradora constituída, considerando o ______________, requerer o benefício da saída temporária para que o sentenciado possa visitar sua família em Campinas/SP, e também considerando, para tanto, o seguinte:

I - DOS FATOS

Conforme infere-se do relatório da situação processual executória, ora juntado, verifica-que o apenado já cumpriu mais de 1/6 de sua pena. O sentenciado foi beneficiado com o regime semiaberto e encontra-se cumprindo pena na Colônia Penal Agrícola, onde está implantado em canteiro de trabalho da Empresa _________, o que lhe proporciona remição pelos dias trabalhados.

No entanto, o requerente é natural da cidade de Campinas/SP, local onde residem seus familiares. As visitas de sua família não ocorreram nenhuma vez enquanto esteve preso em razão de serem pessoas muito humildes e sem condições financeiras de se deslocar até a unidade penal onde cumpre pena.

Diante de tais razões, tendo em vista que o Dia das Crianças se aproxima, esta defensora requer, com todo o respeito, autorização de viagem no respectivo feriado para que ora sentenciado ______________ possa visitar seus familiares e, em especial, seus cinco filhos. A data proposta para essa viagem é o período de 10/10/2020 a 15/10/2020, respectivamente ida e volta, podendo apresentar, se necessário e deferido, as passagens rodoviárias a este Juízo.

II – DO DIREITO

Da análise dos documentos juntados resulta claro o preenchimento dos requisitos para a concessão da saída temporária, nos termos dos arts. 122, inciso I, 123 e 124 da Lei de Execução Penal, que rezam o seguinte:

> Art. 122. Os condenados que cumprem pena em regime semiaberto poderão obter autorização para saída temporária do estabelecimento, sem vigilância direta, nos seguintes casos:
>
> I – visita à família;
>
> [...]
>
> Art. 123. A autorização será concedida por ato motivado do Juiz da execução, ouvidos o Ministério Público e a administração penitenciária e dependerá da satisfação dos seguintes requisitos:
>
> I – comportamento adequado;
>
> II – cumprimento mínimo de 1/6 (um sexto) da pena, se o condenado for primário, e 1/4 (um quarto), se reincidente;
>
> III – compatibilidade do benefício com os objetivos da pena.

Nesse sentido, verifica-se que o pedido do sentenciado é para visitar a família, o tempo previsto de cumprimento de pena está de acordo com a previsão legal e o prazo para sua ausência da unidade penal é, inclusive, inferior ao contemplado pela lei, pois assim prevê no art. 124 da Lei de Execução Penal: "A autorização será concedida por prazo não superior a 7 (sete) dias, podendo ser renovada por mais 4 (quatro) vezes durante o ano".

III – DO PEDIDO

Posto isso, pugna-se à Vossa Excelência pela concessão desta benesse ao sentenciado, tendo em vista seu comportamento exemplar na unidade penal, sem nenhuma falta praticada no decorrer do cumprimento de sua pena, bem como pelo preenchimento dos requisitos legais, consoante se observa dos documentos juntados.

Nestes termos,

pede deferimento.

___________, _____ de ________ de 2020.

____

OAB/PR n. ____________

Considerações finais

Nesta obra, tratamos de assuntos pontuais da execução penal, considerando o público acadêmico e aqueles profissionais do direito que pretendem, no cotidiano da advocacia, atuar na execução penal.

O presente trabalho teve esteira na imersão a manuais de execução penal, artigos, reportagens, legislação e, sobretudo, na atuação da autora, que laborou no departamento jurídico no âmbito do sistema penitenciário, bem como exerceu função de gestão e de consultoria envolvendo a temática, além de advocacia na área.

Iniciamos com os conceitos e os fundamentos legais necessários para a compreensão da Lei de Execução Penal (Lei n. 7.210/1984), sobretudo as previsões constitucionais.

Abordamos a Lei de Execução Penal – com base nos regulamentos e nas legislações que a ela se somam para tornar eficaz o direito do sentenciado ou, ainda, sua defesa, em caso da prática de falta disciplinar como incidente comum no decorrer da execução da pena.

Não menos relevantes são os benefícios a que o sentenciado faz jus após seu ingresso no cárcere. Diante do que foi aqui exposto, verificamos que a discussão do assunto é complexa e atual, porque envolve diretamente os interesses da sociedade.

Também evidenciamos as situações relacionadas às faltas disciplinares e à defesa do sentenciado. Discutimos, de forma bem genérica e apenas a título de conhecimento, a respeito da atual situação carcerária dos presos no Brasil.

Analisamos, ainda, os principais temas que envolvem os pedidos de benefícios a que tem direito o preso no decorrer do cumprimento de sua pena. Para abordar de forma prática o tema, dedicamos um capítulo somente às petições, que não são exatamente um modelo, mas uma referência para aqueles que querem debutar em sua atuação no âmbito do Juízo de Execução Penal.

Apesar de termos, ainda que de forma genérica, tratado dos principais pontos da execução penal e de suas peculiaridades, muito há para se estudar e aprofundar no assunto. Não se trata de tarefa fácil, visto que, embora tenhamos uma boa legislação, a dificuldade concreta em implementá-la e torná-la eficaz impede que a ressocialização aconteça como pretendido pelo legislador.

De qualquer modo, o caminho deve ser percorrido, e a esperança de que o Poder Público e os órgãos responsáveis implementem melhorias no sistema deve ser renovada a cada dia, com vistas a que o preso possa sair ressocializado e não mais volte a delinquir, pois é melhor que: "Reformemos nossas escolas, e não teremos que reformar grande coisa em nossas prisões" (John Ruskin).

Referências

AGUIRRE, C. Cárcere e sociedade na América Latina, 1800-1940. In: MAIA, C. N. et al. (Org.). **História das prisões no Brasil**. Rio de Janeiro: Rocco, 2009. v. 1.

ANDRADE, U. S. de; FERREIRA, F. F. Crise no sistema penitenciário brasileiro: capitalismo, desigualdade social e prisão. **Revista Psicologia, Diversidade e Saúde**, Salvador, v. 4, n. 1, p. 116-129, 2015. Disponível em: <https://www5.bahiana.edu.br/index.php/psicologia/article/view/537/537>. Acesso em: 10 nov. 2020.

AVENA, N. **Execução penal**. 6. ed. Rio de Janeiro: Forense; São Paulo: Método, 2019.

BALTAZAR JUNIOR, J. P. A constitucionalidade do regime disciplinar diferenciado na execução penal. **Revista Jurídica**, Porto Alegre, v. 54, p. 101-116, dez. 2006.

BECCARIA, C. **Dos delitos e das penas**. Tradução de J. Cretella Jr. e Agnes Cretella. 2. ed. São Paulo: RT, 1999.

BRASIL. Câmara dos Deputados. **Exposição de Motivos da Lei de Execução Penal.** 9 maio 1983. Disponível em: <https://www2.camara.leg.br/legin/fed/lei/1980-1987/lei-7210-11-julho-1984-356938-exposicaodemotivos-149285-pl.html>. Acesso em: 10 nov. 2020.

BRASIL. Câmara dos Deputados. **Relatório**: situação do sistema prisional brasileiro: relatório da Comissão de Direitos Humanos e Minorias da Câmara dos Deputados. Brasília, jul. 2006a. Disponível em <https://www2.camara.leg.br/atividade-legislativa/comissoes/comissoes-permanentes/cdhm/noticias/RelatSitSistPrisBras.html>. Acesso em: 10 nov. 2020.

BRASIL. Constituição (1988). **Diário Oficial da União**, Brasília, DF, 5 out. 1988. Disponível em: <http://www.planalto.gov.br/ccivil_03/constituicao/constituicao.htm>. Acesso em: 10 nov. 2020.

BRASIL. Decreto n. 9.246, de 21 de dezembro de 2017. **Diário Oficial da União**, Poder Executivo, Brasília, 22 dez. 2017. Disponível em: <http://www.planalto.gov.br/ccivil_03/_ato2015-2018/2017/decreto/D9246.htm>. Acesso em: 10 nov. 2020.

BRASIL. Decreto n. 9.662, de 1º de janeiro de 2019. **Diário Oficial da União**, Poder Executivo, Brasília, 2 jan. 2019a. Disponível em: <http://www.presidencia.gov.br/ccivil_03//_Ato2019-2022/2019/Decreto/D9662.htm>. Acesso em: 10 nov. 2020.

BRASIL. Decreto n. 10.189, de 23 de dezembro de 2019. **Diário Oficial da União**, Poder Executivo, Brasília, 24 dez. 2019b. Disponível em: <http://www.planalto.gov.br/ccivil_03/_ato2019-2022/2019/decreto/D10189.htm>. Acesso em: 10 nov. 2020.

BRASIL. Decreto-Lei n. 2.848, de 7 de dezembro de 1940. **Diário Oficial [da] República dos Estados Unidos do Brasil**, Poder Executivo, Brasília, 31 dez. 1940. Disponível em: <http://www.planalto.gov.br/ccivil_03/decreto-lei/del2848compilado.htm>. Acesso em: 10 nov. 2020.

BRASIL. Decreto-Lei n. 3.689, de 3 de outubro de 1941. **Diário Oficial [da] República dos Estados Unidos do Brasil**, Poder Executivo, Brasília, 13 out. 1941. Disponível em: <http://www.planalto.gov.br/ccivil_03/decreto-lei/del3689compilado.htm>. Acesso em: 10 nov. 2020.

BRASIL. Lei Complementar n. 80, de 12 de janeiro de 1994. **Diário Oficial da União**, Poder Legislativo, Brasília, 13 jan. 1994. Disponível em: <http://www.planalto.gov.br/ccivil_03/leis/lcp/lcp80.htm>. Acesso em: 10 nov. 2020.

BRASIL. Lei n. 7.210, de 11 de julho de 1984. **Diário Oficial da União**, Poder Legislativo, Brasília, 13 jul. 1984. Disponível em: <http://www.planalto.gov.br/ccivil_03/leis/l7210.htm>. Acesso em: 10 nov. 2020.

BRASIL. Lei n. 8.625, de 12 de fevereiro de 1993. **Diário Oficial da União**, Poder Legislativo, Brasília, 15 fev. 1993. Disponível em: <http://www.planalto.gov.br/ccivil_03/leis/l8625.htm>. Acesso em: 10 nov. 2020.

BRASIL. Lei n. 10.792, de 1º de dezembro de 2003. **Diário Oficial da União**, Poder Legislativo, Brasília, 2 dez. 2003. Disponível em: <http://www.planalto.gov.br/ccivil_03/LEIS/2003/L10.792.htm>. Acesso em: 10 nov. 2020.

BRASIL. Lei n. 11.343, de 23 agosto de 2006. **Diário Oficial da União**, Poder Legislativo, Brasília, 24 ago. 2006b. Disponível em: <http://www.planalto.gov.br/ccivil_03/_ato2004-2006/2006/lei/l11343.htm>. Acesso em: 10 nov. 2020.

BRASIL. Lei n. 12.258, de 15 de junho de 2010. **Diário Oficial da União**, Poder Legislativo, Brasília, 16 jun. 2010a. Disponível em: <http://www.planalto.gov.br/ccivil_03/_ato2007-2010/2010/lei/l12258.htm>. Acesso em: 10 nov. 2020.

BRASIL. Lei n. 12.313, de 19 de agosto de 2010. **Diário Oficial da União**, Poder Legislativo, Brasília, 20 ago. 2010b. Disponível em: <http://www.planalto.gov.br/ccivil_03/_Ato2007-2010/2010/Lei/L12313.htm>. Acesso em: 10 nov. 2020.

BRASIL. Lei n. 12.850, de 2 de agosto de 2013. **Diário Oficial da União**, Poder Legislativo, Brasília, 5 ago. 2013. Disponível em: <http://www.planalto.gov.br/ccivil_03/_ato2011-2014/2013/lei/l12850.htm>. Acesso em: 10 nov. 2020.

BRASIL. Lei n. 13.769, de 19 de dezembro de 2018. **Diário Oficial da União**, Poder Legislativo, Brasília, 20 dez. 2018. Disponível em: <http://www.planalto.gov.br/ccivil_03/_ato2015-2018/2018/lei/L13769.htm>. Acesso em: 10 nov. 2020.

BRASIL. Lei n. 13.964, de 24 de dezembro de 2019. **Diário Oficial da União**, Poder Legislativo, Brasília, 24 dez. 2019c. Disponível em: <http://www.planalto.gov.br/ccivil_03/_ato2019-2022/2019/lei/L13964.htm>. Acesso em: 10 nov. 2020.

BRASIL. Ministério da Justiça e Segurança Pública. Departamento Penitenciário Nacional. **CNPCP**. Disponível em: <http://antigo.depen.gov.br/DEPEN/depen/cnpcp>. Acesso em: 10 nov. 2020a.

BRASIL. Ministério da Justiça e Segurança Pública. **Departamento Penitenciário Nacional**. Depen lança painéis dinâmicos para consulta do Infopen 2019. Brasília, 14 fev. 2020b. Disponível em: <http://antigo.depen.gov.br/DEPEN/depen-lanca-paineis-dinamicos-para-consulta-do-infopen-2019-1/>. Acesso em: 10 nov. 2020.

BRASIL. Ministério da Justiça e Segurança Pública. Departamento Penitenciário Nacional. **Penitenciária federal é instrumento para desarticular o crime organizado**. Brasília, 25 mar. 2019d. Disponível em: <https://www.gov.br/mj/pt-br/assuntos/noticias/collective-nitf-content-1553543577.54>. Acesso em: 10 nov. 2020.

BRASIL. Ministério da Justiça e Segurança Pública. Departamento Penitenciário Nacional. Sistema de Informações Penitenciárias do Departamento Penitenciário Nacional – Infopen. **Levantamento Nacional**: Painel Interativo dezembro/2019. Brasília, dez. 2019e. Disponível em: <http://antigo.depen.gov.br/DEPEN/depen/sisdepen/infopen>. Acesso em: 10 nov. 2020.

CAULYT, F. Brasil, terceira maior população carcerária, aprisiona cada vez mais. **Carta Capital**, 12 set. 2018. Disponível em: <https://www.cartacapital.com.br/sociedade/brasil-terceira-maior-populacao-carceraria-aprisiona-cada-vez-mais/>. Acesso em: 10 nov. 2020.

CNJ – Conselho Nacional de Justiça. BNMP 2.0 – Banco Nacional de Monitoramento de Prisões: Cadastro Nacional de Presos. **Relatório BNMP Agosto de 2018**. Brasília, ago. 2018a. Disponível em: <https://www.cnj.jus.br/wp-content/uploads/2018/01/57412abdb54eba909b3e1819fc4c3ef4.pdf>. Acesso em: 10 nov. 2020.

CNJ – Conselho Nacional de Justiça. **CNJ regulamenta Cadastro Nacional de Presos e a política de apoio e acolhimento das vítimas**. Brasília, 4 set. 2018b. Disponível em: <https://www.cnj.jus.br/cnj-regulamenta-cadastro-nacional-de-presos-e-a-politica-de-apoio-e-acolhimento-das-vitimas/>. Acesso em: 10 nov. 2020.

CNJ – Conselho Nacional de Justiça. Recomendação n. 44, de 26 de novembro de 2013. **Diário de Justiça Eletrônico**, 27 nov. 2013. Disponível em: <https://atos.cnj.jus.br/atos/detalhar/1907>. Acesso em: 10 nov. 2020.

CNJ – Conselho Nacional de Justiça. Resolução n. 96, de 27 de outubro de 2009. **Diário de Justiça Eletrônico**, 4 nov. 2009. Disponível em: <https://atos.cnj.jus.br/atos/detalhar/65>. Acesso em: 10 nov. 2020.

CNJ – Conselho Nacional de Justiça. Resolução n. 113, de 20 de abril de 2010. **Diário de Justiça Eletrônico**, 26 abr. 2010. Disponível em: <https://atos.cnj.jus.br/atos/detalhar/136>. Acesso em: 10 nov. 2020.

CNJ – Conselho Nacional de Justiça. Resolução n. 251, de 4 de setembro de 2018. **Diário de Justiça Eletrônico**, 5 set. 2018c. Disponível em: <https://atos.cnj.jus.br/atos/detalhar/atos-normativos?documento=2666>. Acesso em: 10 nov. 2020.

CONSULTOR JURÍDICO. **Brasil tem a 3ª maior população carcerária do mundo**, com 726.712 mil presos. 8 dez. 2017. Disponível em: <https://www.conjur.com.br/2017-dez-08/brasil-maior-populacao-carceraria-mundo-726-mil-presos>. Acesso em: 10 nov. 2020.

COSTA, A. M. da. **Exame criminológico**. 5. ed. Rio de Janeiro: Forense, 1997.

COYLE, A. **Administração penitenciária**: uma abordagem de direitos humanos – manual para servidores penitenciários – Manual para servidores penitenciários. Tradução de Paulo Liégio. Londres: International Centre For Prison Studies, 2002.

DEPEN-PR – Departamento Penitenciário do Estado do Paraná. Secretaria de Estado da Segurança Pública e Administração Penitenciária. **Regimento Interno do Depen**. 17 ago. 2016. Disponível em: <http://www.depen.pr.gov.br/arquivos/File/regimentodepen.pdf>. Acesso em: 10 nov. 2020.

GOMES, L. F (Coord.). **Direito Penal**. São Paulo. Revista dos Tribunais. 2007. v. 2.

GUZMAN, L. G. **Manual da ciência penitenciária**. Madri: Edersa, 1983.

JUSTIÇA FEDERAL – Tribunal Regional Federal da 2ª Região. **Cármen Lúcia apresenta ao CNJ o novo banco nacional de presos**. 8 ago. 2018. Disponível em: <https://www10.trf2.jus.br/portal/carmen-lucia-apresenta-ao-cnj-o-novo-banco-nacional-de-presos/>. Acesso em: 10 nov. 2020.

KAUFMANN, H. K. **Ejecucion penal y terapia social**. Buenos Aires: Depalma, 1979.

KUEHNE, M. **Direito de execução penal**. 17. ed. Curitiba: Juruá, 2019.

LOPES JUNIOR, A. Revisitando o processo de execução penal a partir da instrumentalidade garantista. In: CARVALHO, S. de (Org.). **Crítica à execução penal**. 2. ed. Rio de Janeiro: Lumen Juris, 2007. p. 371-406.

MARCÃO, R. **Curso de execução penal**. 16. ed. São Paulo: Saraiva, 2018.

MARQUES, J. F. **Tratado de direito penal**. Campinas: Bookseller, 1997. v. 1.

MESQUITA JÚNIOR, S. R. de. **Execução criminal:** teoria e prática – doutrina, jurisprudência, modelos. 5. ed. São Paulo, Atlas, 2007.

MIOTTO, A. B. **Curso de ciência penitenciária**. São Paulo: Saraiva, 1975. v. 1.

MIRABETE, J. F. **Execução penal**: comentários à Lei n. 7.210, de 11/07/1984. 11. ed. São Paulo: Atlas, 2007.

MONTENEGRO, M. C. BNMP 2.0 revela o perfil da população carcerária brasileira. **Agência CNJ de Notícias**, 8 ago. 2018. Disponível em: <https://wwwh.cnj.jus.br/bnmp-2-0-revela-o-perfil-da-populacao-carceraria-brasileira/>. Acesso em: 10 nov. 2020.

MOREIRA, R. de A. Este monstro chamado RDD. **Revista Síntese de Direito Penal e Processual Penal**, v. 5, n. 28, p. 37-40, out. 2004.

NAÇÕES UNIDAS. Conselho Econômico e Social. **Regras mínimas para o tratamento de prisioneiros**. 25 maio 1984. Disponível em: <http://www.dhnet.org.br/direitos/sip/onu/fpena/lex52.htm>. Acesso em: 10 nov. 2020.

NAÇÕES UNIDAS. **Declaração Universal dos Direitos do Homem**. 1948. Disponível em: <http://pfdc.pgr.mpf.mp.br/atuacao-e-conteudos-de-apoio/legislacao/direitos-humanos/declar_dir_homem.pdf>. Acesso em: 10 nov. 2020.

NUCCI, G. de S. **Código Penal comentado**. 7. ed. São Paulo: Revista dos Tribunais, 2007.

NUNES, A. **Comentários à Lei de Execução Penal**. Rio de Janeiro: Forense, 2016.

OSÓRIO, F. M. **Direito administrativo sancionador**. São Paulo: Revista dos Tribunais, 2009.

PARANÁ (Estado). Decreto Estadual n. 1.276, de 31 de outubro de 1995. **Diário Oficial**, 31 out. 1995. Disponível em: <https://criminal.mppr.mp.br/arquivos/File/ExecucaoPenal/Estatuto_Penitenciario__1.pdf>. Acesso em: 10 nov. 2020.

ROIG, R. D. E. **Execução penal**: teoria crítica. 4. ed. São Paulo: Saraiva, 2018.

RUSKIN, J. In: SOARES FILHO, E. V. de M. **Como pensam os humanos**: frases célebres. São Paulo: Leud, [s.d.].

SALLA, F. Rebeliões nas prisões brasileiras. **Serviço Social e Sociedade**, São Paulo, v. 67, p. 18-37, set. 2001.

SANTOS, J. **Teoria da pena**: fundamentos políticos e aplicação judicial. Rio de Janeiro: Lumen Juris, 2005.

SILVA, M. V. M. (Org.). **Relatório temático sobre mulheres privadas de liberdade**: junho de 2017. Brasília, jun. 2017. Disponível em: <http://antigo.depen.gov.br/DEPEN/depen/sisdepen/infopen/relatorios-sinteticos/infopen-jun-2017-rev-12072019-0721.pdf>. Acesso em: 10 nov. 2020.

STF – Supremo Tribunal Federal. Súmula n. 700, de 24 de setembro de 2003. **Diário de Justiça**, 13 out. 2003a. Disponível em: <http://www.stf.jus.br/portal/jurisprudencia/menuSumarioSumulas.asp?sumula=3633>. Acesso em: 10 nov. 2020.

STF – Supremo Tribunal Federal. Súmula n. 715, de 24 de setembro de 2003. **Diário de Justiça**, 10 out. 2003b. Disponível em: <http://www.stf.jus.br/portal/jurisprudencia/menuSumarioSumulas.asp?sumula=2548>. Acesso em: 10 nov. 2020.

STF – Supremo Tribunal Federal. Súmula n. 716, de 24 de setembro de 2003. **Diário de Justiça**, 9 out. 2003c. Disponível em: <http://www.stf.jus.br/portal/jurisprudencia/menuSumarioSumulas.asp?sumula=2499>. Acesso em: 10 nov. 2020.

STF – Supremo Tribunal Federal. Súmula n. 717, de 24 de setembro de 2003. **Diário de Justiça**, 9 out. 2003d. Disponível em: <http://www.stf.jus.br/portal/jurisprudencia/menuSumarioSumulas.asp?sumula=3637>. Acesso em: 10 nov. 2020.

STF – Supremo Tribunal Federal. Súmula Vinculante n. 5, de 7 de maio de 2008. **Diário de Justiça Eletrônico**, 16 maio 2008. Disponível em: <http://www.stf.jus.br/portal/jurisprudencia/menuSumario.asp?sumula=1199>. Acesso em: 10 nov. 2020.

STJ – Superior Tribunal de Justiça. Súmula n. 341, de 27 de junho de 2007. **Diário de Justiça**, 13 ago. 2007. Disponível em: <https://ww2.stj.jus.br/docs_internet/revista/eletronica/stj-revista-sumulas-2012_29_capSumula341.pdf>. Acesso em: 10 nov. 2020.

STJ – Superior Tribunal de Justiça. Súmula n. 439, de 28 de abril de 2010. **Diário de Justiça Eletrônico**, 13 maio 2010. Disponível em: <http://www.stj.jus.br/docs_internet/SumulasSTJ.pdf>. Acesso em: 10 nov. 2020.

STJ – Superior Tribunal de Justiça. Súmula n. 491, de 8 de agosto de 2012. **Diário de Justiça Eletrônico**, 13 ago. 2012. Disponível em: <https://scon.stj.jus.br/SCON/sumanot/toc.jsp#TIT1TEMA0>. Acesso em: 21 ago. 2020.

STJ – Superior Tribunal de Justiça. Súmula n. 533, de 10 de junho de 2015. **Diário de Justiça Eletrônico**, 15 jun. 2015a. Disponível em: <https://scon.stj.jus.br/SCON/sumanot/toc.jsp?livre=(sumula%20adj1%20%27533%27).sub.>. Acesso em: 10 nov. 2020.

STJ – Superior Tribunal de Justiça. Súmula n. 534, de 10 de junho de 2015. **Diário de Justiça Eletrônico**, 15 jun. 2015b. Disponível em: <https://scon.stj.jus.br/SCON/sumanot/toc.jsp?livre=(sumula%20adj1%20%20534).sub.>. Acesso em: 10 nov. 2020.

STJ – Superior Tribunal de Justiça. Súmula n. 588, de 13 de setembro de 2017. **Diário de Justiça**, 18 set. 2017. Disponível em: <https://scon.stj.jus.br/SCON/sumanot/toc.jsp?livre=(sumula%20adj1%20%27588%27).sub.>. Acesso em: 10 nov. 2020.

VALDES, C. G. **Comentários a la legislación penitenciaria**. 2. ed. Madrid: Civitas, 1982.

Lista de siglas

BNMP	Banco Nacional de Monitoramento das Prisões
CF	Constituição Federal
CNJ	Conselho Nacional de Justiça
CNPCP	Conselho Nacional de Política Criminal e Penitenciária
CPP	Código de Processo Penal
CTC	Comissão Técnica de Classificação
Depen	Departamento Penitenciário Nacional
Funpen	Fundo Penitenciário Nacional
Infopen	Sistema de Informações Penitenciárias do Departamento Penitenciário Nacional
LC	Lei Complementar

LEP	Lei de Execução Penal
ONU	Organização das Nações Unidas
RDD	regime disciplinar diferenciado
STF	Supremo Tribunal Federal
STJ	Superior Tribunal de Justiça

Sobre a autora

Débora Veneral é doutora em Direito pela Universidade Católica De Santa Fé (UCSF-AR) e mestranda em Educação e Novas Tecnologias pelo Centro Universitário Internacional Uninter. É especialista em Formação de Docentes e de Orientadores Acadêmicos em Educação a Distância; Direito Tributário; Educação Superior – Metodologia do Ensino Superior; e Direito Civil e Processual Civil. É graduada em Direito pela Universidade Paranaense (Unipar). Atuou como instrutora de cursos da Escola de Educação em Direitos Humanos (ESEDH/PR): Execução Penal e Estatuto Penitenciário, e como coordenadora pedagógica do Instituto Elias Mattar Assad de Práticas Profissionais (IEMAPP).

É professora universitária, consultora em unidades penais que atuam no regime de parceria público-privada (PPP), advogada e diretora da Escola Superior de Gestão Pública, Política, Jurídica e Segurança do Centro Universitário Internacional Uninter.

Os papéis utilizados neste livro, certificados por instituições ambientais competentes, são recicláveis, provenientes de fontes renováveis e, portanto, um meio responsável e natural de informação e conhecimento.

FSC
www.fsc.org
MISTO
Papel produzido a partir de fontes responsáveis
FSC® C103535

Impressão: Reproset
Fevereiro/2023